Walter Hain

Bodybuilding in Österreich

Die Wiege des Arnold Schwarzenegger

© 2025 Walter Hain
Verlag: BoD · Books on Demand GmbH,
In de Tarpen 42, 22848 Norderstedt, bod@bod.de
Druck: Libri Plureos GmbH, Friedensallee 273,
22763 Hamburg
Alle Rechte vorbehalten
ISBN: 978-3-7693-1260-7

Inhalt

Einleitung

Es wird in der Fitnessszene viel über Bodybuilding gesprochen. Das Interesse dafür kam verstärkt auf, durch die großen Erfolge von Arnold Schwarzenegger, einem Österreicher, der aus einem kleinen Dorf in der Nähe von Graz in der Steiermark auszog, um die Welt zu erobern, wie es so schön heißt. Von dort aus haben auch andere Athleten Geschichte geschrieben und große Erfolge erzielt. Das Interesse, seinen Körper mit gezieltem Muskeltraining zu stählen, kam unter der Bezeichnung „Bodybuilding" aber vorwiegend aus den Vereinigten Staaten von Amerika, aus den USA. Dort trainierten in den 1950er Jahren einige Athleten ihre Muskelgruppen, die sie dann zur Schau stellten und von einer Jury bewerten ließen. Das Ganze begann aber vereinzelt schon Ende des 19. Jahrhunderts auch in anderen Ländern. Es waren die Kraftsportler, Gewichtheber und Ringer, die nicht nur ihre Leistung, sondern bei sogenannten Körperschönheits-konkurrenzen auch ihren athletischen Körper zeigten.

Es war die Zeit des Historismus, des Interesses an der Antike, den alten Griechen, Römern und Ägyptern.

Es war die Zeit der Ausgrabungen antiker Städte, die archäologische Wende zur detaillierten Erfassung der Relikte menschlicher Kulturen. 1868 begann Heinrich Schliemann mit Ausgrabungen am Hügel Hisarlik in der Türkei auf der Suche nach dem sagenhaften Troja. Ab 1852 gab es verstärkt Ausgrabungen an der Akropolis in Athen; 1894 gründete Pierre de Coubertin die Olympischen Spiele der Neuzeit, nach den antiken Spielen mit modernen Sportarten. 1922 entdeckte Howard Carter das Grab des Tutanchamun; 1875 gab es die ersten deutschen Ausgrabungen in Olympia, in Griechenland, dem Heiligtum des Zeus und dem antiken Austragungsort der Olympischen Spiele, etwa 700 v. Chr. bis 400 n. Chr. Es gab bei diesen Spielen bereits Wertungsrichter und strenge Regeln, und für die Teilnehmer Bekleidungsvorschriften. Es gab Wettbewerbe im Laufen, Ringen, im Faustkampf, Wettrennen und auch Wagenrennen. Es war die Zeit der Tempel und Götterstatuen in ihren schönsten ästhetischen menschlichen Gestalten, anmutig bis maskulin. Man sieht, dass sich die alten Griechen aber auch die Römer mit dem idealen menschlichen Abbild eingehend befasst haben. Einer von ihnen war der Römer Vitruv, Marcus Vitruvius Pollio mit seinem vollen Namen. Er war Architekt und Ingenieur, der nach den idealen Formen nicht nur des menschlichen Körpers suchte und sie festgehalten hat in seinem „Mann im Kreis" und im Quadrat, dem nach ihm benannten vitruvianischen Menschen – Leonardo da Vinci hat dieses Bild in einer Zeichnung verewigt.

In der neuen Zeit des 19. Jahrhunderts folgte man diesen idealen Darstellungen des menschlichen Körpers in seiner schönsten Art – nicht nur im Aufkommen des Nationalsozialismus, der das perfekte Menschbild suchen wollte. Es war das allgemeine Streben nach menschlichen Schönheitsidealen. So gab es schon sehr früh Körperschönheitskonkurrenzen – zunächst allerdings nur für Männer. Der Erste, der so einen Wettbewerb ins Leben gerufen hat, war Eugen Sandow. Er war Athlet und Kraftsportler und veranstaltete Anfang des 20. Jahrhunderts die ersten großen Bodybuilding-Meisterschaften unter dem Titel „The Great Competition". Er selbst zeigte dabei seinen athletischen Körper. Seit 1977 bekommt jeder Sieger des Wettbewerbs Mr. Olympia eine Bronzestatue, die Eugen Sandow darstellt.

Im Jahr 1938 gab es den ersten Mr. America: Bert Goodrich. Ihm folgte John Grimek, Mr. America 1940 und in der Folge viele andere. Andere Wettbewerbe wurden ins Leben gerufen: Mr. Universe, den sich 1947 erstmals Steve Stanko holte, Mr. World, Mr. USA, Mr. Europe, Mr. Apollo, Mister-Wahlen in vielen Ländern, spezielle Wahlen für Profis, die dann Masters Pro World, New York Pro, Fit World Pro oder so ähnlich hießen, und schließlich den höchsten Titel Mr. Olympia, der 1965 von Joe Weider ins Leben gerufen wurde. Den Titel holte sich erstmals Larry Scott, einer der Pioniere des Bodybuilding-Sports. Auch die Frauen folgten bald in diesen Kategorien.

Steve Reeves war ebenfalls einer der Pioniere des Bodybuildings. Er war Mr. America 1947, Mr. World 1948, Mr. Universe 1950, mit weiteren Titeln. 1946 bis 1950 war er einer der berühmtesten in den Anfängen des Bodybuildings in Amerika. Er war Vorbild für viele andere nach ihm rund um die Welt und war auch als Schauspieler erfolgreich. Viele Bodybuilder- und Kraftsport-Magazine haben ihn abgebildet – als Beispiel eines Schönheitsideals in diesem Bereich. Und natürlich auch als Werbung für den Verkauf von Fitness-Artikeln.

Es gab aber auch in Europa großartige Bodybuilder in den Anfängen dieses Sports. Reg Park zum Beispiel, Mr. Britain 1949, Mr. Europe 1950 und Mr. Universe 1951, Vorbild nicht nur von Arnold Schwarzenegger. Reg Park hat von 1946 bis 1973 mehrere gute Titel bei internationalen Wettbewerben erreicht. Er war ebenfalls ein gern gesehener, beliebter und weltbekannter Schauspieler in Filmen um den antiken Helden Herkules. In zahlreichen Bodybuilder-Magazinen von 1949 bis 2008 ist er zu sehen – oft auf den Titelseiten.

In Deutschland war es Reinhard Smolana, der 1960 der erste Mr. Germany wurde. Ihm folgten Georg Schipper 1961, Reinhard Lichtenberg 1962, Gernulf Garbe 1963 und viele andere. Der erste Mr. Europa war der Schwede Janko Rudmann 1968, danach unser Arnold Schwarzenegger 1969 und dann 1970 der Italiener Franco Columbu. Beide sollten noch langjährige Freunde werden.

Dass es auch in Österreich führende Bodybuilder gab, wird manchmal vergessen. Ja, es waren sogar einige, die weltweit zu den Ersten und Besten zählen. Dieses Buch soll von ihnen erzählen, von den Anfängen des Bodybuildings in Österreich, der Wiege des Arnold Schwarzenegger. Ich war ab 1964 einer der Ersten und bei meinen Recherchen zu diesem Buch fand ich manche Überraschung. Zunächst glaubte ich Leopold Merc, genannt „Poldi" Merc, wäre der erste österreichische Bodybuilder gewesen, doch dann stieß ich auf einen anderen, durch die Information einer Bekannten. Es ist die Enkelin von Johann Eibel, der 1883 in Wien geboren wurde. Er war Gewichtheber, 1908 und 1909 Weltmeister in dieser Disziplin und einer, der an den ersten Körperschönheitskonkurrenzen teilnahm und einen davon 1912 gewann. Die Zeitschriften haben damals ausführlich über ihn berichtet und ihn auch abgebildet.

Ihm folgte der schon erwähnte Leopold Merc. Er war der erste österreichische Mr. Universe; den Titel gewann er 1964 in seiner Größenklasse. Von 1958 bis 1965 war Leopold Merc Teilnehmer bei internationalen Wettbewerben mit guten Erfolgen. Im Jahr 1965 war er Mr. Europa. Das amerikanische Magazin „Health and Strength" hat ihn 1964 auf der Titelseite abgebildet. Der nächste Mr. Universe war dann Arnold Schwarzenegger, der den Titel 1967 gewinnen konnte. Ihm folgte der Amerikaner Dennis Tinerino 1968 und der Amerikaner Boyer Coe 1969.

In Österreich waren es aber nicht nur Johann Eibel, Leopold Merc und Arnold Schwarzenegger, die zu den ersten Bodybuildern hierzulande zählen. Es waren auch andere, die aus dem Kraftsport kamen und andere, die frühzeitig mit Hanteltraining begonnen haben. Da ist zu erwähnen der Grazer Kurt Marnul, Gewichtheber mit zahlreichen Meistertiteln und Bestleistungen in seiner Grunddisziplin und auch Bodybuilder, mit Siegen in den Wettbewerben Mr. Austria 1961, 1962, 1963 und 1964 und einem 7. Platz beim Mr. Europa 1961 und einem 13. Platz beim Mr. World Universe im selben Jahr. Er war Förderer von Arnold Schwarzenegger und hat ihn in seinem Athletik-Studio in Graz 1962 bis 1966 trainieren lassen.

Zu dieser Zeit gehörten auch andere Athleten wie Helmut Cerncic, Karl Kainrath, Harald Gobetz, Adolf Ziegner, Werner Wistuba, Harald Maurer und andere von denen in diesem Buch noch ausführlich zu berichten sein wird.

In den Anfängen des Bodybuildings in Österreich gab es schon in den 1960er Jahren die ersten Kraftkammern, in denen mit Hanteln und Seilzugmaschinen trainiert werden konnte. Neben der Athletik Union von Kurt Marnul, in einem Keller des Liebenauer Stadions in Graz, gab es in Wien das Sportstudio des Hermann Vollhofer. Er war österreichischer Judo-Staatsmeister 1947 und 1948, später Catcher und Wrestler; er eröffnete schon 1951 in einer Wiener Wohnung in einem Altbau, im 3. Stock, Trainingsmöglichkeiten für Gymnastik und Ende der 1950er Jahre auch für Bodybuilding mit verschiedenen Geräten bis hin zu Hanteln und Zugmaschinen. Ich war ab 1964 in seinem Studio und konnte dort auch namhafte Athleten antreffen. Es war damals alles spartanisch eingerichtet, den Möglichkeiten der damaligen Zeit entsprechend. Man konnte aber durchaus intensives Muskeltraining betreiben, auch mit einer Beinstreckmaschine und einer Beinpressmaschine mit schweren Gewichten. Darüber mehr in diesem Buch.

Ein erstes modernes Fitness-Studio in Wien eröffnete Bernd Zimmermann im 18. Wiener Gemeindebezirk. Danach folgten viele andere, teilweise finanziert durch Unternehmensstrukturen aus dem In- und Ausland. Ich hätte mir in den 1970er Jahren nicht vorstellen können, dass es einmal eine derartige Flut von Fitnesseinrichtungen geben wird. Waren doch nur die Männer am Muskeltraining interessiert und das auch nur eine bestimmte Gruppe von Männern, meistens solche aus dem Kraftsport.

Heute trainieren auch Frauen in solchen Einrichtungen und Menschen in allen Altersgruppen. Das ist gut so! Man hat erkannt, dass Muskeltraining allgemein zur Gesundheit des Körpers gehört. Sogar im Breitensport haben sich die Übungen des Bodybuildings durchgesetzt, Kniebeugen, Bankdrücken, Hantelschwingen in allen Variationen.

In diesem Buch werden speziell die Anfänge und die weitere Entwicklung des Bodybuildings in Österreich beschrieben, die vielen nicht so bekannt sind. Dazu gehört aber auch die weltweite Entwicklung des Bodybuildings insgesamt. Österreichische Sportler und Athleten waren darin federführend und äußerst erfolgreich. Legendär ist die Entwicklung von Arnold Schwarzenegger. Er ist aus den Wurzeln dieser Sportart heraus zu einem der berühmtesten Action-Darsteller in Hollywood-Filmen und sogar zu einem führenden Politiker des amerikanischen Bundesstaates Kalifornien geworden. Man sieht, was Bodybuilding möglich machen kann. Muskelhelden haben die Leinwand erobert, Muskelhelden haben aber auch die Politik erobert.

W. Hain, im Oktober 2024

Die Anfänge des Bodybuildings

Schon Ende des 19. Jahrhunderts traten starke Männer in den Zirkussen, Vergnügungsparks und Jahrmärkten auf. Einer von ihnen war Eugen Sandow, geboren 1867 in Königsberg, Ostpreußen, als Friedrich Eugen Müller. Er war ein Vorreiter des Kraftsports, besonders des Bodybuildings und gilt als „Vater des modernen Bodybuildings", „Urvater des Bodybuildings" nach Albert Busek, Unternehmer, Sportfunktionär und einer der Wegbereiter des Bodybuildings in Deutschland. Eugen Sandow war der Sohn eines deutschen Vaters und einer russischen Mutter. Er flüchtete vor der Wehrpflicht in Preußen und reiste als Kraftkünstler durch Europa und entwickelte eine Bühnenshow, die er „Muscle Display" nannte, bei der er zum Beispiel ein Pferd oder Menschen in Körben stemmte. Letzteres nannte er „Lifting The Human Dumbell" („Stemmen der menschlichen Hantel"). Er gab sich einen klingenden Namen, der auch international verständlicher war und nannte sich deshalb Eugen Sandow. Im Jahr 1893 ging er in die Vereinigten Staaten und präsentierte dort seine Kraftkunststücke.

Schon ein Jahr später, 1894, drehte er in den Black-Maria-Studios, dem ersten Filmstudio der Welt, errichtet in West Orange, New Jersey, USA einen Film über sich selbst und nannte ihn schlicht „Sandow".

Am 14. September 1901 veranstaltete Eugen Sandow den ersten großen Bodybuilding-Wettbewerb unter dem Titel „The Great Competition" in der Londoner Royal Albert Hall; zwölf Teilnehmer rangen um den Titel des Besten bei diesem Wettbewerb vor 15.000 Zuschauern. Es war ein nie dagewesener Contest in dieser Form. Der Erstplatzierte erhielt eine vergoldete Statue, die Sandow in seiner Pose als Athlet zeigt, der Zweitplatzierte eine silberne und der Drittplatzierte eine bronzene – ganz nach dem Vorbild der Medaillen der Olympischen Spiele und der Weltmeisterschaften im Breitensport. In der Jury befand sich nicht nur Eugen Sandow selbst, sondern auch der Sherlock-Holmes-Autor Arthur Conan Doyle, der selbst sportlich aktiv und Anhänger des neuen Körperkults war. Im Jahr 1977 wurde eine derartige Statue erstmals dem Sieger des Mr.-Olympia-Wettbewerbs überreicht – es war Frank Zane. Seither bekommt jeder Mr. Olympia „Den Sandow", „The Sandow". Was Eugen Sandow für den

Bodybuildingsport so bedeutend macht, ist der Umstand, dass er erstmals die Schönheit des menschlichen Körpers zum Ausdruck brachte anhand der Vorbilder aus der griechischen und römischen Antike. Er war es auch, der den Begriff „Bodybuilding" prägte. Die Körpermaße von Eugen Sandow waren: Brustumfang 121 cm, Bauchumfang 86 cm, Armumfang 49 cm, Oberschenkelumfang 66 cm – bei einer Körpergröße von 175,9 cm.

Eugen Sandow

Das Training soll nach Sandow so erfolgen, dass die Gewichte und die Anzahl der Wiederholungen nach und nach erhöht werden. Dabei soll die Konzentration auf die Kontraktion der Muskeln gelegt werden und nicht auf die Höhe des Gewichts. Eugen Sandow galt zu seiner Zeit als der stärkste Mann der Welt.

Körperkult in der Antike

Es war nicht nur die Gesundheit und die körperliche Fitness – in diesen Tagen besonders für Soldaten – das Ziel von Übungen an Turngeräten und mit Gewichten, sondern das Erreichen eines makellosen Körpers. Daraus entstanden zahlreiche Fotografien von muskulösen halbnackten Männern, wie die Statuen der alten Griechen und später auch an jene der Römer und jene in der Renaissance. Die historischen Gebäude, Schlösser und Burgen schmücken heute noch muskulöse Männer in heroischen Darstellungen. Das Schönheitsideal eines athletischen Körpers war und ist eigentlich das wahre Ziel des Bodybuildings. Das sollte auch Einzug finden in den Olympischen Sommerspielen – mehr als so manches andere, das wenig mit Fitness zu tun hat. Ich schlag dazu den Titel „Mr. Olympia Classic" vor. Besonders die Griechen haben das schon vor mehr als 2000 Jahren erkannt und so gesehen. Bei den Olympischen Spielen waren nicht nur menschliche Leistungen gefragt, sondern auch schöne und athletische menschliche Körper. Im Mittelalter (6. bis 15. Jahrhundert) haben die Künstler und Bildhauer, wie Michelangelo in seiner Statue des David und Leonardo da Vinci in seinen Gemälden und Zeichnungen, nach dem antiken Architekten und Ingenieur Vitruv (Vitruvius), den ideal proportionierten, vitruvianischen Menschen in einem Kreis dargestellt und gezeigt – und viele andere bis in die Neuzeit. Der griechische Philosoph Plato sah die körperliche Ertüchtigung in einem gesunden menschlichen Geist. Sein Spruch „Mens sana in corpore sano" („ein gesunder Geist in einem gesunden Körper"), ist zum Wahlspruch in der Sportwelt geworden.

Erste Wettbewerbe

In Russland war es George Hackenschmidt, geboren 1878 im heutigen Estland. Er war Weltmeister im Ringen im griechisch-römischen Stil 1899 und 1901 und im freien Stil 1905. Im Gewichtheben schaffe er 122 kg im Stoßen, einarmig schaffte er 115 kg bei einer Körpergröße von 1,75 m und einem Körpergewicht von 99 kg. Er wurde zu einer legendären Figur des Krafttrainings und des Ringens, er wurde bekannt als der „russische Löwe" und erfand bahnbrechende Philosophien und Techniken für den Fitnesssport und die Fitnesskultur, die Hackenschmidt-Methode und die nach ihm benannte Hackenschmidt-Kniebeuge, wobei die Langhantel hinter den Oberschenkeln gehalten wird. Hackenschmidt war auch Buchautor. Er erreichte mehrere Weltrekorde im Bankdrücken und Kniebeugen mit verschiedenen Gewichten. Im Sommer 1898 nahm Hackenschmidt an einem Wettkampf im Gewichtheben in Wien teil; sein Kontrahent war der Weltmeister Wilhelm Türk. Türk gewann allerdings den Wettkampf, Zweiter wurde der Wiener Eduard Binder; Hackenschmidt wurde Dritter. In Wien trat Hackenschmidt auch als Ringer gegen zwei Wiener Ringer auf.

Im Jahr 1902 stand Hackenschmidt Modell für eine Skulptur des deutschen Bilderhauers Reinhold Begas. Sie stellt den an einen Felsen gefesselten Prometheus aus der griechischen Mythologie dar. Der

Athlet Hackenschmidt schien dem Künstler bestens geeignet für seine Darstellung. Das „Illustrirte Wiener Tagblatt" berichtete darüber: „Das Modell der neuen Prometheusstatue von Professor Begas ist, wie wir berichtet haben, der Athlet George Hackenschmidt. Die Körperformen Hackenschmidt's sind wohl wert, der Nachwelt in Stein überliefert zu werden, und Prof. Begas hätte nicht leicht unter allen Menschen ein geeigneteres Modell für eine Titanenfigur finden können, denn Hackenschmidt ist heute, wenn nicht der stärkste, so doch einer der stärksten Menschen der Erde." Und weiter: „Der 25jährige Riese verfügt über eine Muskulatur, die eine geradezu unheimliche Größe und Ausbildung aufweist. Die Wiener hatten dreimal Gelegenheit, den Körperbau und die Kraft Hackenschmidt's kennen zu lernen. Im August 1898 anlässlich des internationalen Athletenfestes in der Jubiläums-Ausstellung der Landwirtschafts-gesellschaft und im Juli 1900 und im April 1901 anlässlich der internationalen Ringkampfconcurrenzen im Circus Busch."

Es wird berichtet: „Für die Schätzer körperlicher Kraftleistungen war der Anblick des Ringkämpfers Hackenschmidt ein wahrer Genuß. Die Kraft, die

Hackenschmidt bei den Ringkämpfen entwickelte, gleicht mehr einer rapiden Elementarkraft. als dem Wirken menschlicher Muskeln. Er spielt mit dem Gegner, er wirft ihn hin und her und dreht ihn in den Armen wie einen willenlosen Gegenstand, Anfassen und Niederreißen ist das Werk einer Sekunde."

Hackenschmidt als Prometheus

Und: „Wenn man zuschaut, wie Hackenschmidt mit einem blitzartigen Ruck seiner Arme einen Gegner niederreißt, so gewinnt man den Eindruck, als würden da die Hebel einer gewaltigen Maschine ein kleines Hindernis spielend niederschleudern." Es wird beschrieben, wie Hackenschmidt einen „leichtgewichtigen" Gegner „wie ein federleichter Kreisel in der Luft und auf dem Boden herumwirbelte" und wie Hackenschmidt einen Gegner auf dem Boden wie ein Tiger seine Beute festhielt und sie nicht loslassen wollte. Und auch seine Kraftleistungen werden beschrieben, wie das einarmige Stemmen einer Hantel mit 122,25 kg.

Auch wie Hackenschmidt zum Kraftsport kam. Es wird erwähnt, dass Hackenschmidt durch einen Zufall entdeckt wurde. Er konsultierte während eines Unwohlseins einen Arzt und dieser entdeckte während der Untersuchung die athletischen Anlagen seines Patienten. Er riet ihm eine systematische Ausbildung seiner Muskulatur in Angriff zu nehmen. Hackenschmidt befolgte den Rat und so wurde er zu dem legendären Vorzeigeathleten und Körperschönheitsideal, im Sinne des Bodybuildings.

Der Arzt war ein gewisser Dr. Krajewski, offenbar ein Russe.

Bodybuilding in Amerika

Österreichische Gewichtheber Anfang des 20. Jahrhunderts waren Josef Steinbach, Gold bei den Olympischen Spielen 1906, Franz Andrysek und Hans Haas, Gold bei den Olympischen Spielen 1928 in ihren jeweiligen Gewichtsklassen und Robert Fein, Gold bei den Olympischen Spielen 1936.

Die Bodybuilding-Bewegung entwickelte sich jedoch vorwiegend – wie schon erwähnt – in Amerika. Dort wurden schon sehr früh im vorigen Jahrhundert Wettbewerbe und Meisterschaften, sowohl in den Leistungskategorien wie auch in den Schönheitskategorien ausgetragen. Einer der Ersten war Bert Goodrich, geboren 1906 in Tempe, Arizona. Er war Sieger (Finest Physique Overall Winner) beim Wettbewerb Mr. America, der 1938 erstmals ausgetragen wurde, veranstaltet von der AAU (Amateur Athletic Union) mit Sitz in den Vereinigten Staaten. In seiner Größenklasse wurde er 1939 abermals Mr. America. In den amerikanischen

Bodybuilding-Magazinen „Iron-Man" und „Strength and Health" von 1939 ist er auf den Titelseiten abgebildet.

Dazu eine Anmerkung: Nicht alle Titel und Platzierungen der frühen und späteren Bodybuilder können in der Folge in diesem Buch angeführt werden. Es sind schon so viele geworden. Die wichtigsten sollen aber schon erwähnt werden und solche von Athleten, die weniger bekannt sind und weniger erfolgreich waren und deren Leistung schon durch die Teilnahme gewürdigt werden soll. Speziell für dieses Buch österreichische Athleten und Athletinnen, Teilnehmer und Teilnehmerinnen an nationalen und internationalen Wettbewerben.

Ein bedeutender amerikanischer Bodybuilder aus den Anfängen, der erwähnt werden muss, war John Grimek, geboren 1910 in Perth Amboy, New Jersey. Er war zunächst bei einem Wettbewerb zum York Perfect Man 1939 Overall Winner, also Gesamtsieger und dann der nächste Mr. America 1940 und 1941, ebenfalls ausgetragen von der AAU. Im Jahr 1948 wurde er Mr. Universe, veranstaltet von der NABBA (National Amateur Bodybuilders Association) und

1949 wurde er Mr. USA. Er wurde 1999 in die Hall of Fame der IFBB (International Federation of Bodybuilding & Fitness) aufgenommen und wurde „Monarch der Muskeln" genannt. Er ist in zahlreichen Bodybuilding- und Fitness-Magazinen wie „Iron Man", „Strength and Health", „Your Physique", und „The Bodybuilder", von 1935 bis 2002 auch auf den Titelseiten abgebildet. Bei den Olympischen Spielen 1936 in Berlin nahm er am Gewichtheben teil und erreichte im Schwergewicht den 9. Platz.

Erste Verbände

In den Anfängen des Bodybuildings wurden auch schon verschiedene Verbände gegründet, die diesen Sport fördern und Veranstaltungen in vielen Ländern rund um die Welt austragen.

Die AAU

Die schon erwähnte AAU (Amateur Athletic Union) wurde 1888 in den Vereinigten Staaten zur Förderung das Amateursports allgemein gegründet. Der Verband wurde staatlich unterstützt; Sportler wurden für die

Teilnahme an internationalen Wettbewerben wie den Olympischen Spielen vorbereitet, auch mit Unterstützung des United States Olympic Committees, USOPC, durch die Einführung der AAU-Junior Olympic Games 1949, für junge Sportler von 8 bis 16 Jahren und auch etwas darüber – die noch heute regelmäßig ausgetragen werden.

Die NABBA

Die NABBA, die National Amateur Bodybuilders Association wurde 1948 im Vereinigten Königreich, Großbritannien, gegründet. Der erste Wettbewerb NABBA-Mr. Universe fand schon 1948 statt, Gewinner war – wie schon erwähnt – John Grimek, den zweiten Platz eroberte Steve Reeves, der in seiner Größenklasse Erster wurde, Dritter war in dieser Klasse Oscar Heidenstam, der später, 1984, Präsident der NABBA-International wurde. Der nächste Wettbewerb NABBA-Mr. Universe war 1950, den Steve Reeves gewann – Zweiter wurde Reg Park.

Später, 1984, wurde die NABBA-International gegründet, Präsident wurde Oscar Heidenstam. In der Folge entstanden NABBA-Organisationen in den USA, in Australien, in der Ukraine, in Deutschland, Italien, in vielen anderen Ländern und auch in Österreich. Frauen nehmen seit 1966 daran teil, ältere Senioren seit 1991, Junioren seit 2000. Es gibt Masters über 45, Masters über 55 und für Teenager bis 18 Jahre. Es gibt auch Wettbewerbe Miss-Bikini, Sport-Physique und Classic-Bodybuilding-Wettbewerbe. Die NABBA nennt sich heute Universe Championships.

Die NABBA in Österreich

Auch in Österreich wurde eine Zweigstelle der NABBA gegründet, die NABBA-Austria, im Jahr 1980 von Peter Papula, der bis 1991 Präsident war. 1985 fand in Graz die NABBA-Weltmeisterschaft statt. Weltmeister der Junioren wurde Alfred Krautgartner. Mehr dazu im Kapitel über die Anfänge in Österreich. Seit 2002 ist Marcus Schlager Präsident der NABBA-Austria. Eine NABBA-Weltmeisterschaft fand am 15. Juni 2024 in Linz, im Neuen Rathaus statt. Österreicher und Östereicherinnen erzielten gute Platzierungen.

Die IFBB

Die IFBB (International Federation of Bodybuilding) wurde 1946 von Ben und Joe Weider gegründet. Bis 1940 war die Bodybuildingszene unter dem Schutz der AAU, die allgemein Sportler förderte, darunter auch Gewichtheber, die teilweise bei Schönheitswettbewerben auftraten. Die Weiders wollten diese Athleten besonders fördern und gründeten deshalb einen Verband nur für Bodybuilder. Der Sitz ist derzeit in Madrid. Die IFBB veranstaltete ihren ersten Wettbewerb 1949 mit dem Titel Mr. America. Seither gibt es mehrere Wettkämpfe unter dem Schutz der IFBB: darunter Mr. Universe, Mr. Olympia, World Amateur Bodybuilding Championships und Ms. International Competitions. Heute nennt sich die IFBB, International Federation of Bodybuilding & Fitness.

Die IFBB in Österreich

Seit 2009 gibt es die IFBB-Austria mit Sitz in Sankt Marein in der Steiermark, die Österreichische Bodybuilding und Fitness Federation, ÖABFF, Sie vertritt österreichweit die International Federation of

Bodybuilding & Fitness, die IFBB, mit Verbänden in 192 Ländern. Dazu gehört auch der Österreichische Amateur Bodybuilding & Fitness Verband, ÖABFV. Aus diesem Verband sind zahlreiche österreichische Athleten und Athletinnen mit international guten Platzierungen hervorgegangen.

Joe Weider

Joe Weider, der Mitbegründer der IFBB, wurde 1920 in Montreal, Kanada, als Josef Edwin Weider geboren. Er war Teilnehmer bei der Mr.-Universe-Wahl der NABBA 1951 und erreichte dort einen fünften Platz, Gewinner war Reg Park. Joe Weider war ebenfalls auf den Titelseiten der Bodybuilding-Magazine „Your Physique", „Muscle Power" und „Muscle and Fitness" von 1944 bis 1999. Er begann schon in jungen Jahren mit dem Krafttraining und baute sich aus einer Eisenbahnachse und zwei Schwungrädern eine Langhantel. Er kam dann zu einigen guten Ergebnissen im Gewichtheben und erkannte bald, dass man junge Leute für das Krafttraining begeistern sollte. Schon im Alter von 20 Jahren veröffentlichte er eine Zeitschrift unter dem Titel „Your Physique", die 1953 in „Muscle

Builder" umbenannt wurde und noch heute unter dem Titel „Muscle & Fitness" international bekannt ist. Die Zeitschrift hatte so großen Erfolg – sie brachte ihm 10.000 US-Dollar ein –, dass sich Joe Weider entschloss, auch im Bereich der Fitnessgeräte und der Nahrungsergänzungsmittel tätig zu werden. Auch die Zeitschrift „Flex" lief unter dem Namen Joe Weider. Später kamen deutsche Magazine auf der Grundlage der amerikanischen von Joe Weider auf den Markt, nachdem diese Fitnesswelle Europa erobert hatte.

Schon im Jahr 1942 gründete er ein Unternehmen unter dem Titel „Weider Barbell Co." mit dem er Produkte für den Kraftsport, speziell für Bodybuilding, verkaufte. Bald waren die einschlägigen Zeitschriften voll von Annoncen für diese Produkte und das Unternehmen florierte. 2006 kam ein Buch von Joe und Ben Weider, mit Mike Steere, unter dem Titel: „Brothers of Iron - How the Weider Brothers created the fitness movement and built a business empire" („Brüder aus Eisen - Wie die Weider-Brüder die Fitnessbewegung schufen und ein Geschäftsimperium aufbauten") auf den Markt. Im Jahr 2018 wurde das Leben der beiden Weider-Brüder, Joe und Ben, unter dem Titel „Bigger - The Joe Weider

Story" („Größer - Die Joe-Weider-Geschichte") teilweise fiktional verfilmt, die Regie führte George Gallo, produziert haben den Film mehrere Personen, darunter Eric Weider, der Sohn von Ben Weider.

Erste Bodybuilder

Einer der ersten gut bekannten und erfolgreichen Bodybuilder war Clarence Ross, geboren 1923 in Oakland, Kalifornien. Er war 1945 Mr. America der AAU und Pro Mr. America 1946 und Mr. USA 1948, und 1955 Pro Mr. Universe der NABBA in seiner Größenklasse. Clarence Ross ist auf zahlreichen Bodybuilder-Magazinen wie „Strength and Health", „Muscle Power", „Muscle Builder", „Mr. Universe", „Iron Man" und „Your Physique" von 1945 bis 1996 am Titelblatt abgebildet.

Ebenso war Ray (Raymond) Routledge, geboren 1931 in einer Kleinstadt in Amerika einer der Ersten. Er war Junior Mr. America West der AAU 1958, Mr. Los Angeles der AAU 1958, Mr. America der AAU 1961 und Mr. Universe der NABBA 1961. Er ist auch auf den Titelseiten mehrere Muskelmagazine wie

„Strength and Health", „Health and Strength" und „Iron Man" von 1960 bis 2001 abgebildet.

Einer der führenden Bodybuilder in Amerika war auch Joe Gold, geboren 1922 in East Los Angeles, Kalifornien, als Sydney Gold. Er war der Gründer des berühmten Gold's Gym in Venice, California, das er 1965 eröffnete und in dem seither zahlreiche Bodybuildinggrößen trainieren. Im Jahr 1976 eröffnete er das ebenfalls berühmt gewordene World Gym, in Venice, California. Im Jahr 1949 erreichte er den 4. Platz beim Wettbewerb Mr. Muscle Beach, danach nahm er an keinem Wettbewerb mehr teil. Das amerikanische Muskelmagazin „Muscle Power" zeigt ihn allerdings 1954 am Titelblatt und natürlich war Joe Gold für viele Bodybuilder Trainer und Vorbild – so auch für Arnold Schwarzenegger, wie er selbst sagt, als er nach Amerika kam und bei ihm 1968 trainierte.

Larry Scott, geboren 1938 in Blackfoot, Idaho, war ebenfalls einer der bekanntesten Bodybuilder in den 1960er Jahren. Er war Mr. California 1960, Mr. Coast Pacific 1961, Mr. America der IFBB 1962, Mr. Universe der IFBB 1964 und 1965 der erste Mr. Olympia und auch später 1966. Er ist in zahlreichen Muskelmagazinen auf der Titelseite abgebildet, darunter „Strength and Health", „Muscle Builder", „Mr America", „Muscular Development" und „Muscle and Fitness", die zu dieser Zeit auch in Europa an den Zeitungsständen erhältlich waren. Später haben viele Bodybuilder in Spielfilmen mitgespielt.

Bodybuilder als Filmstars

Zu den bekanntesten zählt wohl Steve Reeves, der in zahlreichen Filmen, die antike Helden darstellen mitgespielt hat. Geboren wurde er 1926 in Glasgow, Montana, USA. Er begann bereits im Zweiten Weltkrieg seinen Körper zu trainieren. Im Jahr 1946 nahm er an einer Bodybuilding-Veranstaltung in Portland, Oregon, USA, teil und gewann dort den Titel Mr. Pacific Coast. Diesen Titel verteidigte er 1947 erfolgreich und im gleichen Jahr wurde er zum Mr. America und zum Mr. Western America der AAU gekürt. Im Jahr 1948 erreichte er den Titel Mr. World in Cannes, in Frankreich und bei der Mr.-Universe-Wahl der NABBA im selben Jahr und 1950 konnte er in der Klasse über 1,82 m den Sieg erringen – 1950 war er sogar Overall Winner, also Gesamtsieger. Zahlreiche Bodybuilding- und Fitness-Magazine haben

Steve Reeves von 1947 bis 2002 abgebildet – oft auf Titelseiten.

Ende der 1940er Jahre begann seine Schauspiel-Karriere, wobei er vor allem die Figur des Herkules aus der Antike durch seine körperliche Erscheinung eindrucksvoll zum Ausdruck bringen konnte. Zunächst hatte er 1953 eine kleine Nebenrolle in dem Film „Blondinen bevorzugt" von Howard Hawks, als Darsteller einer amerikanischen Olympiamannschaft, nachdem er 1949 für den Film „Samson und Delilah" von Cecil B. DeMilles nicht zum Zug gekommen war. Die Hauptrolle spielte Victor Mature, die Delilah spielte Hedy Lamarr. Dann, 1958, verkörperte Steve Reeves erstmals den antiken Helden in der Hauptrolle in dem italienischen Film „Herkules und die Königin der Amazonen" von Pietro Francisci. 1959 folgte sein zweiter Herkules-Film „Herkules, der Schrecken der Hunnen" von Carlo Campogalliani, also wieder eine Produktion aus Italien.

Im Jahr 1961 spielte Steve Reeves den Romulus in dem Film „Romulus und Remus" von Sergio Corbucci, also auch wieder ein italienischer Film, an der Seite des ebenfalls durch seine gute muskulöse Verfassung bekannt gewordenen Gordon Scott, der den

Remus verkörperte. Ebenfalls im Jahr 1961 stand Steve Reeves als Aeneas, der griechische Held um Troja, vor der Kamera und 1962 ein zweites Mal.

Griechische und römische Helden

Griechische und römische Helden sowie Gladiatoren waren damals in den Spielfilmen sehr gefragt und auch erfolgreich. Bevorzugt waren Schauspieler in einer guten körperlichen, muskulösen Verfassung. Einer von ihnen war Gordon Scott, geboren 1927 als Gordon Merrill Werschkul in Portland, Oregon, USA. Er spielte vornehmlich den Tarzan, nach Edgar Rice Burroughs, aber auch den Helden Maciste und einen römischen Gladiator in den Jahren 1955 bis 1962, darunter „Tarzan und der schwarze Dämon" (1955) „Tarzan und die verschollene Safari" (1957), „Tarzan und die Jäger" (1958), „Tarzans größtes Abenteuer" (1958) und „Tarzan, der Gewaltige" (1960). Das war die Zeit der „Muskel-Filme", auch „Sandalenfilme" genannt, die viele Zuschauer in die Kinos lockten und die wohl einige zum Trainieren angeregt haben. Produziert wurde in den USA, in England und in Italien.

Ein anderer Darsteller ähnlich Gordon Scott war Kirk Morris, geboren 1942 als Adriano Bellini in Venedig, Italien. In jungen Jahren arbeitete er zunächst als Gondoliere, bis ihn ein Filmproduzent nach Rom holte. Dort spielte er 1961 in dem Film „Maciste besiegt die Feuerteufel" die Hauptrolle, danach in mehreren Filmen diese Rolle; auch als Musketier, Samson und Herkules war er 1962 und 1963 zu sehen. Später spielte er bis 1970 andere Rollen, wie den Dschingis Khan in "Der Herr der gelben Hölle" (1963). Auch er hatte einen gut durchtrainierten Körper den damaligen Bodybuildern entsprechend.

Dan Vadis war ein 1936 in Shanghai, China als Constantine Daniel Vafiadis geborener Darsteller mit griechischen Wurzeln in mehreren Filmen des Genres klassische Helden und Gladiatoren, aber auch in Western- und Kriminalfilmen. Er trat erstmals 1962 mit Mark Forrest als Maciste in dem Film „Die gewaltigen Sieben" auf, dann als Herkules, als Ursus, als Spartacus, in einem Django-Film als Sheriff, als Pirat und 1966 sogar in einer Episode der „Kommissar X"-Serie mit Brad Harris.

Auch Brad Harris, geboren 1933 in St. Anthony, in Idaho, USA, war ein amerikanischer Bodybuilder und Filmschauspieler in Filmen mit antiken Helden, actionreichen Agenten und Westernhelden. Zunächst spielte er im American Football, war Stuntman und später Schauspieler, zum Beispiel in den Filmen „Spartacus" mit Kirk Douglas 1960, in „Die Irrfahrten des Herkules" (1960), in „Samson, Befreier der Versklavten" (1962), in „Spartacus und die zehn Gladiatoren" (1967), in „Django - unersättlich wie der Satan" (1967) und in vielen anderen Produktionen. Er spielte auch in der in Europa produzierten und bekannten Agenten-Fernsehserie „Kommissar X" mit. In „Kommissar X - Drei gelbe Katzen" spielte auch Dan Vadis mit.

Gordon Mitchell, geboren 1923 in Denver, Colorado, als Charles Allan Pendleton, gehört ebenfalls zu den berühmten Schauspielern, die aufgrund ihrer muskulösen Erscheinung zum Erfolg kamen, vorwiegend, wenn es um Herkules, Gladiatoren und antike Helden wie Achilles geht. Allerdings stellten solche Personen auch Westernhelden und Krimihelden dar, wie auch Gordon Mitchell. Gordon Mitchell hatte in über hundert Filmen von 1954 bis 2004 mitgespielt und war somit einer der am meisten verfilmten Darsteller in diesem Bereich. Schon 1939 begann er mit dem Gewichtstraining. Er diente im Zweiten Weltkrieg im Army Air Corps, kämpfte in der Ardennenoffensive, nahm an der Befreiung des KZs Buchenwald teil und arbeitete als Lehrer im Koreakrieg. 1954 entdeckte ihn die bekannte Schauspielerin Mae West am legendären Muscle Beach und engagiert ihn sofort für eine Nachtklub-Show aus acht halbnackten Muskelmännern, darunter Mickey Hargitay, Joe Gold, Paul Novak, Richard DuBois, Irwin „Zabo" Koszewski, Armand Tanny und Dominic Juliano.

Daraufhin bekam er diverse Statistenrollen in Filmen mit Frank Sinatra, Robert Mitchum, James Stewart, Marlon Brando, Yul Brynner, John Wayne, Kirk Douglas, Charlton Heston und anderen Filmgrößen. Im Jahr 1960 antwortete Gordon Mitchell auf eine Zeitungsannonce von italienischen Filmproduzente, die Ausschau nach potenziellen Darstellern für ihre Herkules-Filme hielten und er bekam daraufhin 1961 ein Engagement für den Film „Maciste, der Sohn des Herkules" von Antonio Leonviola worauf seine Karriere als Schauspieler begann. 1962 spielte er den Achilles in dem gleichnamigen Film von Marino Girolami. 1965 spielte er mit Gordon Scott, der die Hauptrolle hatte, in „Hercules and the Princess of Troy" („Herkules und die Prinzessin von Troja"). Ab 1989 war er für einige Zeit Manager im World Gym, in Venice, in der Main Street, in Los Angeles. Im Jahr 2002 erhielt Gordon Mitchell in Los Angeles den Italian Film Award für das Lebenswerk.

Aus den Muskel-Filmen gut bekannt ist auch Mark Forest, geboren 1933 als Lou Degni in Brooklyn, New York. Er spielte zunächst 1960 den Herkules in dem Film „Die Rache des Herkules" von Vittorio Cottafavi; dann im selben Jahr den Maciste in dem Film „Maciste, der Rächer der Pharaonen" von Carlo Campogalliani. Der Film war eine Gemeinschafts-produktion mit Italien, Frankreich und dem damaligen Jugoslawien, in italienischer Sprache. Der Film spielte in Italien 800 Millionen Lire ein. Im Jahr 1961 spielte Mark Forest wieder den Maciste; dann 1962 in „Die gewaltigen Sieben", von Michele Lupo; in „Der Stärkste unter der Sonne" (1963), ebenfalls von Michele Lupo; 1964 wieder den Maciste, in „Held von Sparta" und in einem Film den Dschingis Khan (1963); dann „Den größten der Gladiatoren" (1964) und später den „Löwen von Theben", ebenfalls 1964. Mark Forest hatte einen ausgeprägten, eindrucksvollen Körper, er war selbstredend einer der ersten Bodybuilder und sogar Opernsänger. Er gewann 1953 den Titel Mr. New York City der AAU in seiner Größenklasse und in diesem Jahr zwei 2. Plätze bei den Wettbewerben Mr. New York Metropolitan der AAU und Mr. North America der AAU. 1954 war er Overall Winner, also Gesamtsieger beim Mr. Venice Beach und hatte weitere gute Platzierungen bei anderen Bewerben bis 1956. Er ist auch auf den Titelseiten der bekannten Muskelmagazine „Strength and Health" und „Mr. America" abgebildet.

Dann gibt es in der Kategorie der muskulösen Filmhelden auch den US-Amerikaner Ed Fury, geboren 1928 als Ed Holovchik in Long Island, New York. Am bekanntesten wurde er als Ursus in mehreren Filmen, darunter „Ursus im Reich der Amazonen" von Vittorio Sala von 1960; „Ursus - Rächer der Sklaven", von Carlo Campogalliani 1961 und „Ursus im Tal der Löwen" von Carlo Ludovico Bragiaglia, verfilmt ebenfalls 1961. Er wird auch als Bodybuilder in den Verzeichnissen angeführt. Schon in der Schule begann er mit Kraftsport und nahm später an Meisterschaften teil, bevor er zum Film kam. Darunter an den

Bewerben Mr. Los Angeles der AAU und Mr. Muscle Beach 1951, wo er jeweils einen 3. Platz erringen konnte, bei beiden Bewerben 1953, jeweils den 2. Platz. Sieger wurde er beim Mr. Pacific Coast der AAU 1954 und beim Mr. Florida der AAU 1958. Er ist ebenfalls auf diversen Muskelmagazinen wie dem „Muscle Power" und dem „Muscle Builder" auf der Titelseite abgebildet.

Mr. Britain als Herkules

Zu den bekanntesten Filmhelden in den sogenannten „Sandalenfilmen" gehört vor allem Reg Park, geboren 1928 in Yorkshire, England. Er war Mr. Britain 1946, Mr. Europe 1950, Mr. Universe der NABBA 1951, 1958 und 1965. Er spielte 1961 die Hauptrolle in „Herkules erobert Artlantis" von Vittorio Cottafavi, einer italienischen Produktion von Achille Piazzi. Dann in „Vampire gegen Herakles" von Mario Bava, ebenfalls eine italienische Produktion von 1961, mit Christopher Lee in „Maciste im Reich von König Salomon" (1964), in „Ursus und die Sklavin des Teufels" von Anthony Dawson und Ruggero Deodato, ebenfalls 1964 in Italien produziert und in „Die

Herausforderung des Herkules" (1965). Reg Park ist ebenfalls auf zahlreichen Bodybuilder-Magazinen wie „Health and Strength", „Iron Man", „Your Physique", „Muscle Power" und „Mr. Universe" von 1949 bis 2008 auch auf dem Titelblatt abgebildet.

 Reg Park

Es gab sogar das „Reg Park Journal". Reg Park war Vorbild von Arnold Schwarzenegger, der sogar mit ihm trainierte und ihn beim Wettbewerb Mr. Universe 1970 der NABBA herausforderte und ihn auf den zweiten Platz verweisen konnte – in aller Freundschaft natürlich. Für Arnold war das ein großer Achtungserfolg, sein großes Idol „besiegt" zu haben, und eine Bestätigung seinen Weg zu gehen, den er nun eingeschlagen hatte.

Charles Bronson, geboren 1921 als Charles Dennis Buchinsky in Ehrenfeld, Pennsylvania, USA, gilt zwar nicht als Bodybuilder, der an Wettbewerben teilgenommen hat, doch seinen athletischen Körper konnte er in zahlreichen Filmen zeigen, was beweist, dass er wohl mit Gewichten trainiert haben muss. Er war auch Boxer. Doch populär und legendär wurde er 1968 durch den Film „Spiel mir das Lied vom Tod" von Sergio Leone, in dem er eindrucksvoll eine der Hauptrollen spielte als schweigender Rächer dessen, was man ihm als Kind angetan hatte. In den weiteren Hauptrollen spielten Henry Fonda und Claudia Cardinale. Zuvor spielte Charles Bronson schon 1960 in „Die glorreichen Sieben" mit Yul Brynner, Steve McQueen, Robert Vaughn und Horst Buchholz, und 1967 in „Das dreckige Dutzend" mit Lee Marvin, Ernest Borgnine und anderen. Seinen durchtrainierten

Körper konnte er 1972 auch in „Chatos Land" von Michael Winner, in England produziert, präsentieren und in anderen Filmen, besonders seine Ausstrahlung, die ihn zum Publikumsliebling machte. Das hat ihm 1972 einen Golden Globe eingebracht, gemeinsam mit Sean Connery.

Gut bekannt ist auch Mickey Hargitay, geboren 1927 als Miklos Hargitay in Budapest, Ungarn. Durch ein Coverbild von Steve Reeves in einer Illustrierten angeregt entschied er sich für Bodybuilding, nachdem er zuvor Akrobat, Fußballer und Eisschnellläufer war. Nach einigen guten Platzierungen bei Misterwahlen in Amerika konnte er als Gesamtsieger bei der Wahl zum Mr. Universe 1955 der NABBA seinen größten Erfolg verzeichnen. Während einer Show bei Mae West lernte er die Schauspielerin Jane Mansfield kennen, die er 1958 heiratete. Er war auch in mehreren Zeitschriften wie „Strength and Health", „Iron Man", „Muscle Power", „The Bodybuilder" und im „Reg Park Journal" von 1953 bis 2003 am Titelbild zu sehen. Mickey Hargitay war einer der Ersten, die beim Publikum das Interesse für Bodybuilding geweckt haben, nachdem es zuvor verpönt gewesen war und man Schauspielern geraten hatte nicht derart zu trainieren.

Ein anderer in der Kategorie der Muskelmänner in den Spielfilmen war Alan Steel, geboren 1935 in Rom als Sergio Ciani. Er war ebenfalls Bodybuilder, zunächst Stuntman und Double für Steve Reeves. Dann spielte er diverse Rollen als Maciste, Samson, Ursus und Herkules, Letzteren gemeinsam mit Brad Harris in dem Film „Samson" (1961). Denselben in „Hercules Against the Moon Men" („Herkules gegen den Mondmenschen") 1964, und „Herkules gegen Rom", ebenfalls 1964. Im selben Jahr auch im Film „Samson und der Schatz der Inkas". In diesem Film hat sogar unser Skirennläufer Toni Sailer, mehrfacher Weltmeister und Olympiasieger, mitgespielt.

Selbstverständlich wollten viele so sein wie diese Filmhelden. Wir Jungen bestaunten mit großen Augen diese Typen, wir wollten selbst so aussehen, wie diese Männer und begannen zu trainieren in den Sportvereinen, im Freien an Turn- und Reckstangen und zuhause mit verschiedenen Geräten, mit Expandern und Kugelhanteln. Stemmvereine waren auch sehr beliebt; diese zeigten das Können ihrer Schützlinge, meist bei Meisterschaften in Wirtshäusern, wo die Ergebnisse nach der Veranstaltung ausgiebig gefeiert wurden.

Bodybuilder in Fernsehserien

David Prowse, ein britischer Gewichtheber und Bodybuilder spielte in mehreren Filmen, darunter in „Clockwork Orange" („Uhrwerk Orange"); am bekanntesten wurde er als Darth Vader in der Science-Fiction-Serie „Star Wars".

Peter Lupus, geboren 1932 in Indianapolis, Idiana, USA, konnte mehrere Bodybuilding-Titel erringen, darunter Mr. Indianapolis, Mr Indiana, Mr. Hercules und Mr. International Health Physique. Er spielte als Willy Armitage in der Krimi-Fernsehserie „Mission Impossible" von 1966 bis 1973. Er spielte auch den Herkules in dem Film „Herkules gegen die Tyrannen von Babylon" (1964) und den Goliath in „Goliath bei der Eroberung von Damaskus" (1965) und in diversen anderen Filmen, auch in den sogenannten Strand-Party-Filmen um den legendären Muscle Beach in Venice, Kalifornien, produziert in den Jahren 1963 bis 1968 von der Firma American International Pictures, AIP.

Franco Columbu, geboren 1941 als Francesco Columbu in Sardinien, Italien, war zunächst Boxer und Kraftdreikämpfer und einer der früheren und später einer der bekanntesten und erfolgreichsten Bodybuilder. Zunächst hatte er einen 4. Platz beim Mr. Europe 1966, wo Arnold Schwarzenegger als Sieger hervorging und Helmut Riedmeier Zweiter wurde. Doch schon 1968 konnte sich Franco Columbu einen Mr. Universe-Titel der NABBA in der Klasse Most Muscular holen. In der Klasse Short wurde er Zweiter nach Wilfred Sylvester. Den Gesamtsieg holte sich Dennis Tinerino. Ein Jahr darauf holte sich Franco Columbu weitere Klassentitel beim Mr. Europe der IFBB, beim Wettbewerb Mr. Universe der IFBB, beim Mr. Universe der NABBA und beim Mr. World der IFBB. 1970 konnte er Gesamtsieger beim Mr. Europe der IFBB und beim Mr. Universe der IFBB werden. 1971 dann wieder Gesamtsieger beim Mr. World der IFBB. Sein Höhepunkt war aber dann der Titel beim Mr. Olympia der IFBB 1976 und dann auch noch ein Sieg beim Mr. Olympia der IFBB 1981. Franco Columbu ist in zahlreichen Bodybuilding- und Fitness-Magazinen von 1969 bis 1992 auch am Titelbild abgebildet. Franco Columbu war auch Schauspieler. Er spielte schon 1977 in dem Bodybuilding-Film „Pumping Iron" mit Arnold Schwarzenegger und anderen Bodybuilding-Größen mit. Dann in „Conan, der Barbar" (1982), in „Terminator" (1984) und in „Running Man" (1987). Für den Film „Doublecross on Costa's Island" („Doppelkreuz auf der Insel Costa") 1997 führte er Regie, schrieb am Drehbuch mit und spielte eine Hauptrolle als Agent. Im Jahr 2001 wurde Franco Columbu in die Hall of Fame der IFBB aufgenommen.

Dolf Lundgren, geboren 1957 in Stockholm, Schweden, Eishockeyspieler, Judoka, Karatemeister und Boxer. Er spielte 1985 zunächst einen KGB-Agenten in dem James-Bond-Film „Im Angesicht des Todes" mit Roger Moore in der Hauptrolle. Im Jahr 1985 zeigte er seine sportliche Figur auch in „Rocky IV - Der Kampf des Jahrhunderts" mit Sylvester Stallone in der Hauptrolle, der ebenfalls als durchtrainierter Sportler in den Filmen um den Boxer Rocky Balboa eine gute Figur machte und mit Arnold Schwarzenegger um die besten Action-Rollen freundschaftlich kämpfte. Dolf Lundgren spielte den He-Man in „Masters of the Universe" (1987) und in „Universal Soldiers" von 1992 von Roland Emmerich, mit dem ebenfalls als Karatekämpfer und Action-

Filmheld bekannten Schauspieler Jean-Claude Van Damme. Lundgren spielte auch in „The Expendables" („Die Entbehrlichen") von 2010, 2012, 2014, ebenfalls mit Sylvester Stallone und in vielen weiteren Action-Filmen. Dolf Lundgren veröffentlichte auch ein Buch über Fitness unter dem Titel „Fit Forever".

Dwayne Johnson, geboren 1972 in Hayward, Kalifornien, bekannt geworden als Wrestler „The Rock" der WWF (World Wrestling Federation) als mehrfacher Champion. Als Schauspieler in „Die Mumie kehrt zurück" (2001) und „The Scorpion King" (2002) und vielen anderen Filmen. 2014 spielte er auch einen Herkules in dem Film mit gleichem Titel von Brett Ratner in einer amerikanischen Produktion nach einer Comic-Serie.

Wrestler in Filmrollen

Auch andere Wrestler und Catcher konnten Filmrollen spielen. Einer der Ersten war Adi Berber, geboren 1913 in Wien als Adolf Berber. Er war Freistilringer und 1937 Weltmeister in dieser Disziplin. Er war mehrmals Gewinner bei Europa- und Weltmeisterschaften als

Catcher. Als Schauspieler begann er schon 1939 im Wiener Burgtheater als Heurigensänger, dann 1952 als Gepäckträger in dem Film „Im Weißen Rößl". Er spielte diverse Rollen in Unterhaltungsfilmen. In Kriminalfilmen verkörperte er oft zwielichtige Typen. In „Die toten Augen von London", aus dem Jahr 1961, nach dem Roman von Edgar Wallace, spielte er neben Joachim Fuchsberger, Klaus Kinski, Dieter Borsche und Karin Baal. Im Jahr 1959 hatte er eine Rolle neben Charlton Heston in „Ben Hur". Ein anderer Catcher, der in Filmen mitspielte, war Otto Wanz, geboren 1943 in Graz. Er war Darsteller in mehreren Unterhaltungsfilmen neben Peter Weck und Udo Lindenberg, und in der ORF-Krimiserie „Trautmann". Er war Grazer Landesmeister und österreichischer Meister und nahm an zahlreichen Titelkämpfen im In- und Ausland teil. Er war 1,89 m groß und hatte ein Kampfgewicht von 175 kg. Es gibt inzwischen mehrere erfolgreiche Wrestler, die nicht so gewichtig sind und Bodybuilding betreiben, mit einer ausgeprägten Muskulatur. Man hat erkannt, dass man als Catcher nicht unbedingt an Körperfett zunehmen muss.

Ralf Moeller, geboren 1959 in Recklinghausen, Deutschland, ist ebenfalls einer der bekanntesten

Bodybuilder, die Schauspieler geworden sind. Er war zuerst Schwimmer und Boxer, bis er in den 1970er Jahren zum Bodybuilding kam. 1978 gewann er schon als Junior die deutschen Meisterschaften in seiner Größenklasse, Gesamtsieger war Josef Laufer; 1989 ebenso, Gesamtsieger war hier Jusup Wilkosz. 1983 war dann auch Ralf Moeller bei diesem Wettbewerb Gesamtsieger. 1986 war er Sieger bei den World Amateur Championships, den Weltmeisterschaften der Amateure, der IFBB im Schwergewicht. Er war also in dieser Klasse Weltmeister der Amateure. Bei diesem Wettbewerb wurden erstmals Doping-Tests vom IOC durchgeführt, die bei Ralf Moeller negativ waren. Beim Mr. Olympia 1988 konnte er allerdings nur einen 20. Platz erreichen, Sieger war Lee Haney, geboren 1959 in South Carolina, USA, der den Titel von 1984 bis 1991 achtmal gewinnen konnte – damit öfter als Arnold Schwarzenegger, der diesen Wettbewerb siebenmal gewonnen hat. Ralf Moeller ist mit seiner Körpergröße von 1,97 m einer der größten und eindrucksvollsten Bodybuilder und oft mit Arnold Schwarzenegger unterwegs. 1993 konnte ich von ihm in Santa Monica, Los Angeles, im „Schatzi on Main", dem Restaurant, das damals Arnold Schwarzenegger gehört hat, ein Autogramm bekommen. Er war sehr freundlich und saß dort mit Serge Nubret, der mir ebenfalls ein Autogramm gab. Wir – ich, mein Sohn und meine Frau – aßen dort einen ausgezeichneten „Apple-Strudel".

Als Schauspieler trat Ralf Moeller vor allem auf in „Universal Soldier" (1991), in „Batman & Robin" (1997), in der Fernsehserie „Conan, der Abenteurer" (1997 und 1998), in dem Film „Gladiator" aus dem Jahr 2000, neben Russel Crowe. Ralf Moeller spielte auch in einer Folge der Fernsehserie „Relic Hunter - Die Schatzjägerin" mit Tia Carrere (2001), in dem Film „The Scorpion King" mit Dwayne Johnson (2002), in „Held der Gladiatoren" (2003), und in vielen anderen Filmen.

Der erste Tarzan im Film

Sportliche Männer waren schon immer gefragt für diverse Typen in Spielfilmen. Das trifft auch auf die Darsteller des Tarzan, aus der Comic-Serie von Edgar Rice Burroughs zu. Der erste war Johnny Weissmüller, geboren 1904 in Freidorf, in Westrumänien, in der österreichisch-ungarischen Monarchie als János

Weißmüller. Als Schwimmer und Olympiasieger mit zahlreichen Weltrekorden war er mit seiner athletischen Figur bestens geeignet für die Rolle des Urwaldmenschen, die er erstmals 1932 verkörperte – legendär wurde sein unverwechselbarer Tarzan-Schrei, der auch für andere Tarzan-Filme verwendet wurde

Ihm folgten in dieser Rolle Lex Barker, der den Tarzan ab 1949 spielte und Gordon Scott ab 1955. Lex Barker wurde später bekannt als Old Shatterhand in Karl-May-Filmen und vielen anderen Abenteuerfilmen. Gordon Scott als Maciste, Herkules, als Gladiator und als Remus, der Zwillingsbruder von Romulus aus der römischen Mythologie, den Steve Reeves verkörperte.

Männer aus dem Allgemeinsport wurden auch Schlagersänger wie Martin Lauer, Leichtathlet, Zehnkämpfer und Olympiasieger 1960, Freddy Quinn, der mit Gewichten trainierte und auch der deutsche Schauspieler Götz George, geboren 1938 in Berlin, trainierte ebenfalls mit Gewichten. Berühmt wurde er als Kommissar Horst Schimanski in der deutschen Krimiserie „Tatort", die seit 1970 regelmäßig von der ARD, der Arbeitsgemeinschaft der öffentlich-rechtlichen Rundfunkanstalten der Bundesrepublik Deutschland ausgestrahlt wird. Götz George ist auch bekannt als actionreicher Darsteller aus den Karl-May-Filmen, neben Lex Barker

Gordon Scott

Auch Sean Connery, der den britischen Geheimagenten James Bond verkörperte, hatte angeblich unter dem Namen Tom Connery 1953 am

Wettbewerb Mr. Universe der NABBA teilgenommen, anderen Quellen zufolge soll er an einer Vorwahl zum Mr. Scotland teilgenommen haben, wo er den dritten Platz belegt haben soll. Gewinner beim NABBA-Wettbewerb 1953 war jedenfalls Bill Pearl.

Es wurden auch Filme gedreht als Biografien von Bodybuildern oder von Förderern dieser Sportart. Besonders bekannt sind die mit Arnold Schwarzenegger und anderen Bodybuildergrößen. In dem Film „Pumping Iron" von 1977, produziert von George Butler und Jerome Gary, basierend auf dem Buch „Pumping Iron: The Art and Sport of Bodybuilding" von Charles Gaines und George Butler, erschienen im Verlag Simon and Schuster 1974, sind sie alle zu sehen: Lou Ferrigno, Franco Columbu, Frank Zane, Mike Katz, Ken Waller, Serge Nubret, Dennis Tinerino, Robbie Robinson und andere. Der Film zeigt die Vorbereitungsarbeiten der Athleten für den Mr. Olympia mit teilweise fiktiven Szenen, um der Dramaturgie einen publikumswirksamen Touch zu geben.

Man sieht das Geschehen rund um das Training der Bodybuilder und auch die viele Mühe, die dahintersteckt, um der Beste zu werden. Das Ganze ist auch mit etwas Humor gespickt und soll ein positives Bild zeigen. Der Spaß der Athleten am legendären Muscle Beach in Venice, Kalifornien und die Anspannung bei den Wettbewerben sind gut dargestellt. Man kann sich als Außenstehender gut damit identifizieren und möchte gerne dabei sein – speziell, wenn man selbst Bodybuilder ist. In der Zeit, in der dieser Film spielt, ist das Ganze noch etwas lockerer und anders als heute. Daher ist diese Produktion schon legendär und ein historisches Dokument – sie ist zu einem Kultfilm geworden. 1977 erhielt „Pumping Iron" den Kansas City Film Critics Circle Award für den besten Dokumentarfilm.

Im Jahr 2003 kam der Film „Arnold Schwarzenegger: The Early Years" („Arnold Schwarzenegger: Die frühen Jahre") von der GMV-Production heraus. Er zeigt die Anfänge von Arnold, wie er zum Bodybuilding kam und wie er trainierte. Wie er schon bald nach München gegangen ist und an den ersten Meisterschaften teilgenommen hat. Das Ganze basierend auf dem Buch mit Douglas Kent Hall „Arnold Schwarzenegger - Karriere eines Bodybuilders" aus dem Jahr 1977. Danach folgten Filme von Bodybuildern, die ihre persönlichen

Trainingsmethoden und Erfahrungen präsentierten. Und auch zahlreiche Bücher kamen auf den Markt.

Im Jahr 2018 kam der Film „Bigger" heraus, die Geschichte der beiden Brüder Ben und Joe Weider, dargestellt mit Schauspielern, wobei einer auch Arnold Schwarzenegger spielt. Der Film zeigt ihren Werdegang als erste Unterstützer des Bodybuildings und der Athleten, die an den Wettbewerben teilnehmen wollen. Schon in den 1940er Jahren begannen Ben und Joe Weider die Jungen für das Körpertraining zu begeistern. Sie veröffentlichten 1940 die erste Fitnesszeitschrift und begannen 1942 mit einem Versandhandel für Fitnessgeräte. Das Geschäft blühte und bald wurde das Unternehmen zu einem Imperium des Bodybuilding-Sports.

Die ersten Bodybuilderinnen

Auch die Frauen kamen schon Anfang des 20. Jahrhunderts zum Bodybuilding. Zunächst waren es die athletischen starken Frauen, die bei Kraftleistungs-Schaustellungen ihre Kraft mithilfe von Gewichten zum Ausdruck brachten. Dann aber bald auch ihre Körperschönheit zeigten. Eine von ihnen war die

Pariserin Madame Violetta Morris, die 1927 als die stärkste Frau der Welt galt; sie hatte im Stemmen mit Gewichten, Kugelhanteln und anderen, achtbare Erfolge erzielt. Damals entwickelte sich auch eine Körperkultur, die Kraft und Schönheit verband, durch das rhythmische Tanzen. Tanzen und Gymnastik wurden zu einer Symbiose zusammengefasst und so dargestellt als eine Form der Körperschönheit. In Wien gab es eine derartige Frauengruppe in Laxenburg, die nach den antiken Vorbildern tanzte und sogar bei klassischen Festspielen in Syrakus auftrat.

Anfang der 1980er Jahre begannen Frauen verstärkt es den Männern gleich zu tun. Das förderten die Verbände, die für die Wettbewerbe der Männer zuständig waren. Eine der ersten Frauen, die an so einer Veranstaltung teilgenommen haben und die zu einiger Berühmtheit gekommen sind, ist Lisa Lyon, geboren 1953 in Los Angeles, Kalifornien. 1971 studierte sie an der Universität von Kalifornien und war bald von der Kampfkunst fasziniert, sodass sie sich dem Kendo – einem japanischen Schwertkampf – widmete. Sie erkannte aber bald, dass sie für diesen Sport mit ihrer Größe von 1,63 m und einem Gewicht von 55 kg körperlich zu schwach war und so begann sie mit Gewichten zu trainieren. Mit der Zeit entwickelte sie einen athletischen Körper und schließlich nahm sie 1979 am Wettbewerb Junior Ms. America der AAU teil und konnte den guten 3. Platz erreichen.

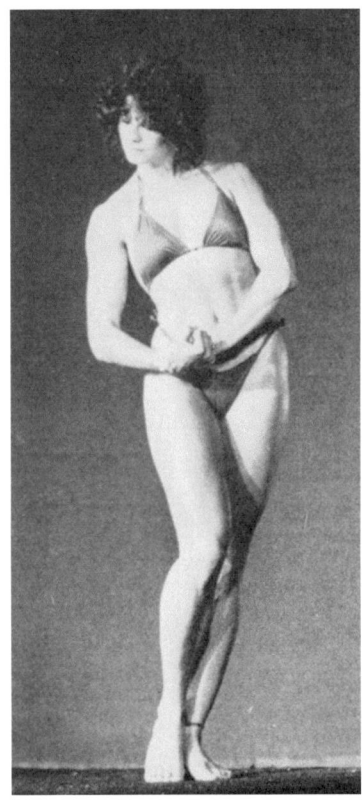

Lisa Lyon

Schon im selben Jahr wagte sie eine Teilnahme bei den World Pro Championships der IFBB und erreichte den sensationellen 1. Platz, sie ging also als Siegerin hervor.

Damit ist sie die erste Bodybuilderin, die bei einem derartigen Wettbewerb gewonnen hat. In Joe Weiders „Muscle"-Magazin vom März 1980, ist sie am Titelbild mit Lou Ferrigno abgebildet. Im Jahr 2000 wurde Lisa Lyon in die Hall of Fame der IFBB aufgenommen für ihre Bemühungen um den Sport und des Bodybuildings in der Medienarbeit als Kunstform.

Lisa Lyon war auch als Schauspielerin tätig; sie spielte in dem Film: „The Hustler of the Muscle Beach" („Der Gauner vom Muskelstrand") von 1980; ein Fernsehfilm über den legendären Muscle Beach in Kalifornien von Jonathan Kaplan mit Frank Zane und Franco Columbu, beide sind hinlänglich bekannt. Mitgespielt haben auch Bill Grant, Steve Davis und Tom Platz, alle Bodybuilder. Bill Grant war Mr. New Jersey 1968 der AAU, Pro Mr. America 1972 des WBBG (World Bodybuilding Guild), Mr. World 1974 der IFBB, Mr. International 1974 der IFBB in der Klasse Medium und hatte zahlreiche gute Platzierungen bei ähnlichen Wettbewerben. Er ist in mehreren Muskel-Magazinen auch auf den Titelseiten abgebildet. Bill Grant spielte auch in „Grunt - Der Wrestling Film" (1985), von Allan Holzman, mit mehreren Bekannten aus der Wrestling-Szene.

Steve Davis spielte auch in „The Curse" (1987), in „Sador: Herrscher im Weltraum" (1980) in „Talon im Kampf gegen das Imperium" (1982) und war Mr. Los Angeles Junior der AAU 1968, Mr. World der IFBB 1977 im Mittelgewicht, 2. Mr. America der IFBB 1975 in der Klasse Tall, 3. Mr. Universe Pro der NABBA 1977 und hatte mehrere gute Platzierungen bei ähnlichen Wettbewerben.

Tom Platz war Mr. Michigan der AAU 1975, Mr. Southeastern USA der AAU 1977 in der Klasse Short, 1978 ebenso, 2. Mr. America der AAU 1978 in der Klasse Short, Sieger 1978 bei den USA World Qualifier der IFBB und den World Amateur Championships der IFBB im Mittelgewicht, 2. Mr. Universe Pro der IFBB 1980 und hatte gute Platzierungen bei den Mr. Olympia-Wettbewerben von 1981 bis 1986. Tom Platz spielte auch in „Twins" („Zwillinge") von 1988 mit Arnold Schwarzenegger und Danny DeVito.

Lisa Lyon spielte schon 1975 eine Rolle in einer Episode der Fernsehserie „Unsere kleine Farm" („Little house on the prairie") mit Michael Landon. 1986 in dem Film „Vamp", von Richard Wenk, wo sie eine Stripperin in einer schäbigen Bar spielt, die von Vampiren besessen ist, dabei ist auch Grace Jones („Conan, der Zerstörer", 1984). Dann spielte Lisa Lyon in dem Erotik-Film „Hollywood Erotic Film Festival" von 1987, mit zusammengestellten Szenen von acht verschiedenen Regisseuren, wobei es von Lisa Lyon ein Portrait of Power gibt, also ein Porträt ihrer sportlichen Leistungen.

Beim Wettbewerb Junior Ms. America der AAU, wo Lisa Lyon dritte geworden ist, belegte den 1. Platz Stacey Bentley, den 2. Platz Claudia Wilbourn. Stacey Bentley hatte im gleichen Jahr 1979 einen 3. Platz beim Wettbewerb Best in the World der IFBB und 1980 einen 5. Platz beim Wettbewerb Ms. Olympia der IFBB. Claudia Wilbourn konnte ebenfalls 1979 bei den World Pro Championships der IFBB einen 2. Platz erringen und 1980 Ms. California der AAU werden. Bei den American Championships der AFWB (American Federation of Women Bodybuilders) 1980 konnte Claudia Wilbourn den 2. Platz erreichen; bei den USA Championships der SPA (Super Physique Association) 1980 erhielt sie den 3. Platz. Beim Wettbewerb Ms. Olympia der IFBB 1982 kam sie auf den 16. Platz.

Die erste Ms. Olympia

Die nächste Amerikanerin, die zu einer Berühmtheit im Bodybuilding gekommen ist, ist Rachel McLish, geboren 1955 in Harlingen, in Texas. Beim Wettbewerb Ms. Olympia der IFBB 1980 konnte sie als Siegerin hervorgehen und war damit die erste Ms. Olympia. In der Folge konnte sie weitere Siege und gute Platzierungen bei anderen Wettbewerben erreichen. Beim selben Wettbewerb im Jahr 1981 kam sie nur auf den 2. Platz knapp hinter Kike Elomaa aus Finnland. 1982 konnte Rachel McLish aber den Titel Ms. Olympia der IFBB erneut holen und verwies Kike Elomaa auf den 3. Platz. Im Jahr 1984 kam Rachel McLish aber wieder auf den 2. Platz. Zu Kike Elomaa ist zu sagen, dass „Kike" ihr Spitzname ist und sie eigentlich den Vornamen „Ritva Tuulikki" hat. Bis zum Jahr 2000 war sie die einzige Nichtamerikanerin, die einen Ms. Olympia-Titel hatte; 1983 kam sie bei diesem Wettbewerb auf den 5. Platz. Kike Elomaa ist auch Popsängerin und finnische Politikerin.

Rachel McLish hatte aber auch Siege und gute Platzierungen bei anderen Wettbewerben. Im Jahr 1980 holte sie sich bei den USA Championships der SPA (Super Physique Association) ebenfalls einen Sieg, wie auch bei den World Pro Championships der IFBB 1982. Beim Wettbewerb Grand Prix Las Vegas der IFBB erreichte Rachel McLish einen 3. Platz, wie auch 1984 beim selben Wettbewerb.

Rachel McLish

Von 1982 bis 2013 war sie auf mehreren Muskel-Magazinen auch auf den Titelseiten abgebildet. Rachel McLish war überhaupt ein beliebtes Modell in vielen Fitness-Zeitschriften. Zuletzt 2013 auf der Titelseite des Magazins „Iron Man" im Alter von 58 Jahren mit einer sehenswert guten Figur.

Rachel McLish ist studierte Sportlehrerin und hat einen Bachelor in Trainingspsychologie und Ernährungswissenschaft; sie eröffnete mit einem Partner mehrere Fitness-Studios, veröffentlichte Fitnessbücher und Fitnessvideos und war auch Schauspielerin in mehreren Filmen, unter anderem hatte sie eine Hauptrolle in „Pumping Iron II: The Woman", wo es um Frauen-Bodybuilding geht, von George Butler aus dem Jahr 1985, wo auch Ben Weider und Christian Janatsch mitspielen. Rachel McLish hatte auch eine Hauptrolle als überzeugende Action-Darstellerin in dem Fernsehfilm „Ravenhawk" („Lautlos und tödlich") von Albert Pyun aus dem Jahr 1995. Im Jahr 1999 wurde Rachel McLish in die Hall of Fame der IFBB aufgenommen.

Insgesamt haben die Erfolge und die Filme von und mit Bodybuildern sowie auch mit Bodybuilderinnen maßgeblich dazu beigetragen, dass sich diese Sportart weiterentwickeln konnte. Insbesondere die Aktivitäten in Amerika, wo die Bodybuildingszene einen großen Nährboden finden konnte, im Land der unbegrenzten Möglichkeiten, wie es so schön heißt. Man darf aber nicht die europäische Entwicklung außer Acht lassen, die ebenfalls Vorreiter des Bodybuildings hervorgebracht hat. Auch Österreich hat dabei einen wichtigen Beitrag geleistet.

Die Anfänge in Österreich

Die Anfänge des Bodybuilding-Sports in Österreich werden gewöhnlich mit der Stadt Graz in Verbindung gebracht. Dort begann eine Handvoll Athleten mit dieser in den fünfziger Jahren aus Amerika importierten, als verrückt angesehenen Sportart. Aus dieser „Bodybuilder-Schmiede" in Graz ist das Talent Arnold Schwarzenegger hervorgegangen.

Wie in Amerika entstand das gezielte Muskeltraining aus dem Kraftsport, aus den Gruppen der Gewichtheber und Stemmer. Man hat erkannt, dass man für eine große Leistung in diesen Disziplinen auch gezieltes Muskeltraining machen muss. Zudem entwickelte sich mit der Zeit auch ein Bewusstsein für einen ästhetischen muskulösen Körper, den antiken Götterstatuen entsprechend. Schon damals hatte man die Anatomie des Menschen in einem athletischen Körper als Schönheitsideal betrachtet. Die Helden der antiken Spiele und Wettbewerbe waren nicht nur Kraftprotze wie Herkules und andere, sondern auch schlanke Menschen mit ausgewogenem Körperbau.

Oft werden auch sie in den Götterstatuen dargestellt – man denke nur an Apollo (Apollon), Adonis, Venus, Aphrodite und Adonia, die als Schönheitsideale gelten. Also auch in der Darstellung des schönen, schlanken weiblichen Körpers waren die Griechen federführend. Lange galten in Europa die fülligen Frauenbilder als Schönheitsideale. Das hat sich erst Ende des 19. Jahrhunderts geändert und bald wollten auch Frauen einen sportlichen, athletischen Körper haben. Diesen Vorstellungen entsprechend fanden Anfang des 20. Jahrhunderts sogenannte „Körperschönheitskonkurrenzen" statt – vorerst allerding nur für Männer, Frauen hatten dazu keinen Zutritt. Meistens fanden diese Bewerbe in Verbindung mit den Leistungswettkämpfen der Gewichtheber und der Ringer statt, anschließend nach den Konkurrenzen, wo die Besten ihren muskulösen Körper zur Schau stellten und dieser von einer Jury bewertet wurde.

Erste Körperschönheitskonkurrenzen

Schon 1903 erreichte der Wiener Gewichtheber Josef Grafl einen Sieg in dieser Kategorie, den „Herkules-Preis" des Meidlinger Athleten-Klubs. 1904 konnte ein Wiener, der nur mit dem Namen R. Walter aufscheint, einen Körperschönheitspreis gewinnen; den dritten Platz erreichte Karl Höltl, ein „Meisterringer von Europa aus Wien", wie es heißt. 1910 gewann ein gewisser Diry eine Muskelschönheits-Konkurrenz und 1912 Franz Pankraz, ein Ringer des Arbeiter-Athletenbundes. In den darauffolgenden Jahren fanden weitere solche Schönheitskonkurrenzen in Österreich statt. So auch 1926, wo Alois Kozian einen ersten Preis erringen konnte; 1931 Franz Weiß, ein Schwerathlet-Fünfkampfmeister. Einer von ihnen war auch Johann Trestler, vom A. S. C. „Cyganiewicz".

Im Jahr 1940 fand ein solcher Wettbewerb im Wiener Messepalast statt, organisiert vom ASKÖ, der Arbeitsgemeinschaft für Sport und Körperkultur.

Johann Trestler vom A. S. C. „Cyganiewicz".

Johann Trestler

In den 1950er Jahren traten Freistilringer am
Wiener Heumarkt in einem Boxerring zur Belustigung
des Publikums auf. Da waren schwergewichtige Kerle
darunter, wie Georg Blemenschütz, geboren 1914 in
Wien. Er war bereits in den 1930er Jahren
Amateurringer und später Profiringer. Als vierfacher

Weltmeister und sechsfacher Europameister bestritt er einige hundert Profikämpfe, wobei er etwa die Hälfte davon gewonnen hat. Ab 1957 war er Organisator der Heumarkt-Turniere, die in den Sommermonaten Juni bis August stattfanden und tausende Besucher angelockt haben. Jedes Jahr gab es dort ein großes Spektakel, über das auch die Zeitungen ausführlich berichteten. Es fanden auch Weltmeisterschaften statt mit Ringern und anderen Athleten aus mehreren Ländern.

Ein herausragender Wiener Athlet war der Kraftsportler Wilhelm Türk, geboren 1857 im Wiener Bezirk Penzing. Er gewann zwar keinen Schönheitswettbewerb, doch war er ein Gewichtheber der Sonderklasse. Er konnte schon 1898 bei der Weltmeisterschaft im Gewichtheben in der Wiener Jubiläumsausstellung im Rotundengelände, die vom 7. Mai bis 18. Oktober stattfand, den Weltklasse-Athleten und Gewichtheber George Hackenschmidt, den Vorläufer des Bodybuildings, schlagen. Türk war Sohn eines Gemischtwarenhändlers und gelernter Fleischhauer. 1904 wurde er in einem ausführlichen Artikel in der „Allgemeinen Sport-Zeitung" geehrt und es wurde sein 25jähriges Jubiläum als Kraftsportler gefeiert. 1890 konnte er 150 kg stoßen, im Jahr 1897 154,2 kg mit einer Scheibenstange, 1898 sogar 161,5 kg, was noch 1904 ein Weltrekord war.

Einer der ersten Athleten, die bei Körperschönheitswettbewerben in Österreich teilgenommen haben war auch Johann Eibel, geboren 1883 in Wien. Er war Gewichtheber und wurde 1908 und 1909 Weltmeister in der Gewichtsklasse bis 85 kg. Er war ein Bäckergeselle und begann im Jahr 1900 mit der Schwerathletik.

Er trat dazu dem Ersten Siebenbrunner Athleten-Klub im fünften Wiener Gemeindebezirk bei. Er betätigte sich in den ersten Jahren seiner Sportlerlaufbahn im Ringen und im Gewichtheben und hatte mit einer Körpergröße von 1,73 m und einem Gewicht von 82 kg schon eine ausgesprochen athletische Figur, die er bei den damals auch schon in Europa in Mode gekommenen Schönheitskonkurrenzen stolz präsentierte. Bei einer „Internationalen Körperschönheitskonkurrenz" im Jahr 1912 ging er als Sieger hervor.

Dies berichtete das „Illustrierte Österreichische Sportblatt" am 1. Juni 1912 mit einem Bild von Johann Eibel.

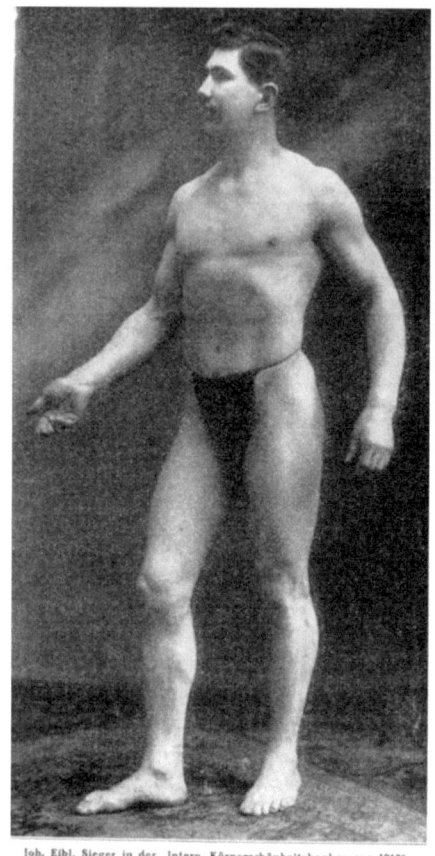

Joh. Eibl, Sieger in der „Intern. Körperschönheitskonkurrenz 1912".

Johann Eibel

Auf einer Seite in dieser Zeitschrift ist eine Annonce von der Firma Josef Anger & Söhne, Eisengießerei im 17. Wiener Gemeindebezirk, in der Hernalser Hauptstraße, zu sehen, die Geräte für Turner und Athleten „hohl und vollgegossen, sowie

Scheibenstangen in neuster Ausführung" den Kunden liefern konnte, zu billigsten Preisen und prompt lieferbar, wie es heißt – abgebildet ist eine Scheibenkurzhantel.

Erster österreichischer Mr. Universe

Dann folgte der erste österreichische Bodybuilder, der nach den Kriterien der Wettbewerbe in den USA aufgetreten ist, es war Leopold („Poldi") Merc. Er erreichte im Jahr 1964 – als erster deutschsprachiger Bodybuilder überhaupt – einen Mr.-Universe-Titel unter der NABBA als Profi in der Klasse Short, Gesamtgewinner war Earl Maynard, 2. Serge Nubret, 3. Reinhard Smolana; davor war Leopold Merc 4. Mr. Universe Pro der NABBA 1958 in der Klasse Short, Gesamtsieger war Reg Park; dann war Leopold Merc 2. Mr. Universe Pro der NABBA 1959 in der Klasse Short, Gesamtgewinner war Bruce Randall; weiters hatte Leopold Merc einen 15. Platz beim Mr. Europa Apollo 1960 in der Klasse Tall, Gewinner dieser Klasse war Philippe Valette, in der Klasse Short Tony Bartoli, in der Klasse Junior Frank Hollfelder; dann kam Leopold Merc auf einen 4. Platz beim Mr.

Universe Pro der NABBA 1962 in der Klasse Short, in der Klasse Tall gewann Ray Routledge, Gesamtsieger war Len Sell; dann wurde Leopold Merc 3. Mr. Universe Pro der NABBA 1963 in der Klasse Short, Gesamtgewinner war Joe Abbenda, der auch die Klasse Tall gewann, 2. in dieser Klasse wurde Serge Nubret, 3. Earl Maynard, 5. Mickey Hargitay; dann war Leopold Merc 1965 Mr.-Europa-Gesamtsieger und 3. Mr. Univers Pro der NABBA in der Klasse Short, Gesamtgewinner war Reg Park. Das Bodybuilding-Magazin „Health and Strength" bildete Leopold Merc 1964 am Titelbild ab.

Die Anfänge in Graz

Leopold Merc wurde wie Arnold Schwarzenegger in Graz geboren, allerdings 1932. Er war als Junge Sängerknabe und später Dolmetscher, bevor er zum Bodybuilding kam. In Graz arbeitete er in einem Studentenjob bei den amerikanischen Soldaten, die als „Besatzungsmächte" noch anwesend waren, auf einer Kegelbahn, und als er im benachbarten Trainingsraum die Soldaten mit Hanteln trainieren sah, war es um ihn geschehen. Er erkannte, es war tatsächlich möglich

Muskeln einzeln zu trainieren und zu formen, unabhängig voneinander. Und er begann zu trainieren.

Leopold Merc

Als ihn ein Grazer Freund aus Berlin anrief und ihm erzählte, wie schön es hier sei, zog Leopold Merc spontan 1955 nach Berlin und trainierte nicht nur dort, sondern eröffnete 1959 gleich sein eigenes Fitnessstudio in Berlin, am Kurfürstendamm, später 1961 eines in Charlottenburg. Dort trainierten im Laufe der Zeit 35.000 bis 40.000 Leute, darunter so prominente wie Götz George, Artur Brauner. Reinhard Smolana und auch Arnold Schwarzenegger. In seinem Studio musste er den Leuten anfangs erklären, dass man beim „Bankdrücken" keine Bank drückt, sondern schwere Hanteln. So waren die Zeiten damals! Seinen Mr.-Universe-Preis 1964 überreichte ihm der Erdölmilliardär Paul Getty – wohl auch den Preis für den Gesamtsieger Reg Park.

1959 war Leopold Merc mit seinem Studio in Berlin in Konkurrenz mit Harry Gelbfarb, auch ein Bodybuilder aus Österreich jüdischer Abstammung, geboren 1930 in Wien. Er eröffnete 1956 kurz vor Leopold Merc in Schweinfurth das erste Bodybuildingstudio in Deutschland, später zwei weitere in Deutschland und eines in den USA. Schon 1966 begegnete er in München Arnold Schwarzenegger und in den Vereinigten Staaten Steve Reeves und andere Athleten am legendären Muscle Beach. Für seine Verdienste um das Bodybuilding in Deutschland nahm ihn der deutsche Bodybuilding-Verband (DFBV) im Jahr 2010 in seine „Hall of Fame" auf. Das ist interessant und ein kurzer Ausflug in die Anfänge der deutschen Bodybuilder-Szene, die ein Österreicher eingeleitet hat. Gratuliere – unvergessen!

Das alles um Leopold („Poldi") Merc wusste ich zu meiner Zeit, als ich mit Bodybuilding anfing, nicht – ich habe vieles erst Jahre später durch meine Recherchen zu diesem Buch erfahren, das ich schon lange machen wollte. Als ich Leopold Merc im Jahr 1966 im Wiener Nachtlokal „Chattanooga" im ersten Wiener Gemeindebezirk am Graben, bei einer Mr.-Austria-Wahl begegnete, kannte ich ihn nicht. Er sah für mich nur gut aus, wie einer der vielen gut durchtrainierten Bodybuilder zu dieser Zeit. Später mehr dazu im nächsten Kapitel!

Zunächst will ich noch die Anfänge des Bodybuildings in Österreich nach Leopold Merc beleuchten. Da geht es vor allem um die Stadt Graz, in der Steiermark, die eigentlich und wirklich als die Wiege des Arnold Schwarzenegger gilt – genau genommen die Ortschaft Thal in der Nähe von Graz, wo Arnold aufgewachsen ist. Die außergewöhnliche und wohl einzigartige Erfolgsgeschichte von Arnold Schwarzenegger kennen heute viele Menschen rund um die Welt, als Bodybuilder, Schauspieler und Gouverneur von Kalifornien. Doch die Anfänge beeinflussten und begleiteten einige andere Athleten aus der steirischen Bundeshauptstadt.

Einer von ihnen ist Harald Maurer, geboren 1944 in Graz, der 1964 bei einer privaten Veranstaltung zum Mr. Styria gekürt wurde. Die Veranstaltung fand im Grazer Steirerhof statt. Dabei war auch der erst 15 Jahre alte Arnold Schwarzenegger (drei Monate später ist er 16 geworden), der dort sein Talent schon zum Ausdruck bringen aber diesen Wettbewerb (noch) nicht gewinnen konnte. Er wurde Vierter. Vor einigen Jahren traf ich Harald Maurer in Graz und er erzählte mir seine persönliche Geschichte um die erste Begegnung mit Arnold in einem Gasthaus bei einem gemütlichen Essen beim idyllischen Thalersee nahe dem Geburtshaus von Arnold Schwarzenegger. Er führte mich auch in den nahen Wald, wo er dem jungen Arnold erstmals mit einem Freund, der Gewichtheber war, begegnet war. Es war im Sommer 1963, als Arnold auf einer Eisenstange zwischen zwei Bäumen einige Klimmzüge machte. Wie man weiß, hatte Arnold schon in seinem Geburtshaus seine Muskeln trainiert und sich Geräte und Hanteln selbst zusammengebaut (unter anderem eine Seilzugmaschine in einem Türrahmen) – wie das damals so üblich war, weil es hierzulande noch keine entsprechenden Gewichte zu kaufen gab. Als Arnold die beiden gut durchtrainiere Athleten sah, fragte er sie, wo sie trainierten. Der Freund, es war Kurt Marnul, sagte ihm, dass er im Liebenauer Stadion, im Gewichtheber-Verein Athletik Union trainiere; Harald Maurer lud Arnold in sein Heimstudio ein, das schon für die damaligen Verhältnisse gut ausgerüstet war – unter anderem besaß er einen Original-Ben-Weider-Hantelsatz, den er sich aus Amerika hatte kommen lassen.

In der Folge – so Harald Maurer – trainierte Arnold regelmäßig bei Harald, bis dieser einige Monate später beim Bundesheer einrücken musste. Die schweren Kniebeugen und das Bankdrücken trainierten sie bei Kurt Marnul im Liebenauer Stadion. Zu dieser Zeit war es auch, als Kurt Marnul Arnold näher kennengelernt hat. In dieser Zeit hat er ihn bestimmt in gewisser Weise beeinflusst. Harald Maurer ist aber der Meinung, dass sich Arnold selbst „entdeckt" hat. Wie man inzwischen weiß, hatte Arnold einen unbändigen Trainingswillen und den Hang der Weltbeste zu werden – und das sicher schon in jungen Jahren. Das musste man ihm nicht noch beibringen! So jedenfalls Harald Maurer.

Der erste Mr. Austria

Kurt Marnul, geboren 1929 ebenfalls in Graz, war ein Wegbereiter und Mitstreiter des Bodybuildings in Österreich. Er begann 1952 mit Gewichtheben, nahm an Kraftleistungs-Dreikämpfen teil und war in dieser Disziplin sehr erfolgreich und mehrfacher Staatsmeister. 1958 gründete er die Athletik-Union, den Stemmklub in Graz, im Keller des Liebenauer Stadions. Dort machten die Athleten bald die klassischen Übungen im Bodybuilding. Darin war auch Kurt Marnul äußerst erfolgreich. Er war im Bankdrücken zwölffacher Weltmeister und mehrfacher Europameister.

Auch an den ersten Schönheitskonkurrenzen hat Kurt Marnul teilgenommen. In den Jahren 1961 bis 1964 war er viermal Mr. Austria bei privat finanzierten Wettbewerben. Unter anderem bei dem schon erwähnten Wettbewerb 1964 im Grazer Steirerhof, wo der Mr. Styria, der Mr. Herkules und der Mr. Austria gewählt wurde mit Beteiligung von Arnold Schwarzenegger, der beim Mr. Austria Dritter wurde.

Mr.-Austria-Wahl 1964 im Grazer Steirerhof (Erster von links. Helmut Cerncic, Zweiter Kurt Marnul, Vierter Arnold Schwarzenegger, Fünfter Harald Gobetz, ganz rechts Harald Maurer).

Den zweiten Platz erhielt Helmut Cerncic, der stets von der Sonne braun gebrannt war und von der Grazer „Kleinen Zeitung" zum „antiken Rosselenker" gekürt wurde. Er wurde zum Mr. Herkules gekürt und ging bald nach dem Wettbewerb nach Australien. 2. Mr. Herkules wurde Adolf Ziegner.

Mr. Styria, Harald Maurer. Kurt Marnul aber wurde im Alter von 89 Jahren im Rahmen einer Fitgala mit dem Fitness Award für seine Leistungen um den Bodybuilding-Sport ausgezeichnet.

Die Grazer Athleten

Ein anderer Grazer Athlet aus den Anfängen des Bodybuildings in Österreich war Harald Gobetz. Er erreichte 1968 den 4. Platz beim Mr. Universe der NABBA in der mittleren Größenklasse, Gesamtsieger war Dennis Tinerino aus den USA. Den Titel „Most Muscular" holte sich hier Franco Columbu. 1969 gelang Harald Gobetz ebenfalls ein 4. Platz beim Mr. World der IFBB in der großen Größenklasse, Gesamtsieger war Frank Zane aus den USA. 1970 beim Mr. Europe der IFBB erreichte Harald Gobetz den 3. Platz in der großen Größenklasse. Der Sieger war hier Serge Nubret aus Frankreich. Gesamtsieger des Wettbewerbs war Franco Columbu aus Italien.

Zu der Athletenriege in Graz gehörte auch Adolf Ziegner. Er war mit Harald Gobetz 1968 beim Mr. Universe, wo er den 3. Platz in seiner Größenklasse erreichen konnte. 1969 wurde er beim Mr. Europe der

IFBB in der kleinen Größenklasse Zweiter und im selben Jahr beim Mr. Universe der NABBA ebenfalls Zweiter. Beim Mr. Europe 1970 von der IFBB, wo Harald Gobetz den 3. Platz in seiner Größenklasse erreichte, konnte Adolf Ziegner in der kleinen Größenklasse den 4. Platz erreichen. Von 1968 bis 1983 erreichte Adolf Ziegner mehrere gute Platzierungen bei den Wettbewerben Mr. Universe der NABBA, Mr. Universe der IFBB, Mr. Europe der IFBB und bei den World Amateur Championships der IFBB. 1986 war er auch Mr. Austria der NABBA.

Zu den Grazer Athleten in den Anfängen des Bodybuildings in Österreich gehörten auch Helmut Knaur, geboren 1912, der auf den Bildern von damals zu sehen ist und Karl Gerstl, der Arzt und Trainingspartner von Arnold, der damals 28 Jahre alt war und 1934 geboren wurde. Arnold hat ihn auch in seinen Biografien erwähnt.

Ein erster Förderer von Arnold war auch Alfred Gerstl, geboren 1923 in Graz, der Vater von Karl Gerstl. Er war Bundesrat und Gemeinderat in Graz. Durch seinen Sohn, der mit Arnold im Keller seines Vaters trainierte, wurde Alfred Gerstl auf ihn aufmerksam. 1966 finanzierte er teilweise Arnolds

Reisen nach England und in die USA, da er dessen Talent erkannte. Als Politiker war er auch als Sportfunktionär und Förderer des Kraftsports, von Karate und Bodybuilding, tätig. Alfred Gerstl erhielt mehrere Ehrenzeichen aufgrund von Verdiensten um die Republik Österreich und wurde auch zum Ehrenbürger der Stadt Graz.

Adolf Ziegner

Zu den Grazer Athleten damals gehörte besonders Karl Kainrath, geboren 1943, der als Bodybuilder in dieser Zeit Arnold am nächsten kam. 1970 konnte er sogar einen 1. Platz beim Mr. Universe der IFBB in seiner Größenklasse Tall erringen, er konnte damit den Titel Mr. Universe, Mister Universum für sich beanspruchen. Gesamtsieger, Overall Winner, wurde Franco Columbu – also Mr.-Universe-Gesamtsieger.

Karl Kainrath erreichte schon 1969 einen 2. Platz beim Mr. Europe der IFBB in seiner Größenklasse, im selben Jahr einen 3. Platz beim Mr. Universe der NABBA, 1970 erreichte er noch einen 2. Platz beim Mr. Europe der IFBB, den 3. Platz holte sich hier Harald Gobetz. In der kleinen Größenklasse holte sich hier Adolf Ziegner den 4. Platz. Von 1969 bis 2008 konnte Karl Kainrath neben dem Sieg von 1970 mehrere gute Plätze bei internationalen Wettbewerben wie Mr. Europe der IFBB, Mr. Universe der IFBB und der NABBA, bei den European Amateur Championships, den Europameisterschaften der Amateure, der IFBB und bei den World Amateur Championships, den Weltmeisterschaften der Amateure, der IFBB erreichen – zuletzt 2008 in der

Klasse Masters über 60 (60+) bei den World Amateur
Championships der IFBB, wo er den 12. Platz belegte.

Karl Kainrath

Bei diesem internationalen Wettbewerb mit
zahlreichen Teilnehmern aus aller Herren Ländern gab
es mehrere Größen-, Gewichts- und Altersklassen und
auch Juniorklassen mit vielen Platzierten in den
Plätzen 1 bis 27 – insgesamt 393. Der Gesamtsieger
dieser Meisterschaft war Ali Tabrizi aus dem Iran.
Dabei waren auch die Österreicher Mario Hemmer, der
im Super-Schwergewicht den 10. Platz erringen konnte,
Christian Manasek, der in der Klasse Masters über 40

(40+) auf den 9. Platz im Leicht-Schwergewicht kam und Klaus Drescher, der im Junior-Schwergewicht (Heavy Weight) den 9. Platz erreichte.

Die Athleten in Wien

Einer der früheren österreichischen Bodybuilder in den 1970er Jahren ist Walter Bubenicek, geboren 1948 in Wien. Er nahm von 1975 bis 1979 an mehreren Wettbewerben zum Mr. Europa und Mr. Universe teil. Im Jahr 1977 konnte er bei einem Wettbewerb zum Mr. Austria im Wiener Hotel Intercontinental den Sieg erringen, der Zweitplatzierte war der Grazer Harald Gobetz. Die Pokale überreichte Arnold Schwarzenegger, der damals schon sechsfacher Mr. Olympia und fünffacher Mr. Universum war. Bei der Wahl zum Mr. International der IFBB 1977 konnte Walter Bubenicek im Mittelgewicht den 1. Platz erobern und damit in dieser Klasse als Sieger hervorgehen, der Gesamtsieger wurde der Sieger im Leichtgewicht Mohamed Makkawy aus Ägypten. Bei der Mr.-Europa-Wahl der IFBB 1976 erreichte Bubenicek in der Mittelklasse den 2. Platz, im gleichen Jahr den 5. Platz beim Mr. Universe der IFBB. Bei den

Wettbewerben European Amateur Championships, den Europameisterschaften der Amateure, der IFBB 1977 und 1979 konnte er im Mittelgewicht und im leichten Schwergewicht jeweils den 2. Platz erringen.

Walter Bubenicek

Neben Walter Bubenicek ist der Wiener Christian Janatsch einer der besten Bodybuilder Österreichs Ende der 1970er Jahre und auch noch danach. Er hatte 1978 einen Mr.-Austria-Wettbewerb im Wiener Hotel Intercontinental nur knapp verfehlt, hinter dem Linzer Max Schweighardt, der Mr. Austria wurde. 1979 war es aber dann so weit, Arnold Schwarzenegger überreichte ihm persönlich den Siegespokal. Zunächst machte Christian Janatsch erfolgreich Karate, widmete sich aber ab 1973 intensiv dem Bodybuilding. Bei seinem ersten größeren Wettbewerb dem „Bestgebauten Athleten" in München 1974, wo die besten deutschen Bodybuilder teilnahmen, erreichte er in der Seniorenklasse II, den 5. Platz, Sieger in dieser Klasse war Fritz Kroher aus München, Zweiter Josef Laufer, den Gesamtsieg holte sich Fritz Kroher. Sieger bei den Junioren war Rolf Hedderich, aus Dortmund

Christian Janatsch

.

Bei den World Amateur Championships der IFBB 1980 erreichte Christian Janatsch den 3. Platz im Schwergewicht (Heavy Weight) und ebenfalls im Schwergewicht einen 3. Platz bei den European Amateur Championships der IFBB 1981. Bei den World Amateur Championships der IFBB 1983 kam Christian Janatsch auf den 4. Platz. Den 5. Platz erreichte bei diesem Wettbewerb in der gleichen Klasse Schwergewicht Karl Kainrath; auf den 7. Platz kam Alfred Neugebauer. Im Magazin „Muscle and Fitness" von 1983 ist Christian Janatsch auf der Titelseite abgebildet.

Zu den Wiener Bodybuildern der Anfänge gehören auch: Karl Cerny, Roman Rieger, Josef Kotruba, Peter Kahlhofer und Alfred Neugebauer. Der Wiener Alfred Neugebauer war einer der herausragendsten Bodybuilder in Österreich in den 1980er Jahren. Er erreichte bei den European Amateur Championships der IFBB 1987 einen 2. Platz im Schwergewicht. In den Jahren 1986 und 1989 erreichte er bei den World Amateur Championships – ebenfalls von der IFBB ausgetragen – jeweils einen 4. Platz. Jeweils einen 5. Platz erreichte er bei den World Amateur Championships der IFBB 1984 und 1988, einen 6. Platz 1992, einen 7. Platz 1983 und einen 13. Platz 1982. Im Kraftdreikampf erreichte er 1985 bei der Weltmeisterschaft und der Europameisterschaft jeweils einen 2. Platz.

Alfred Neugebauer

Alfred Neugebauer hat sich einen großen Namen in der österreichischen Bodybuilder-Community gemacht; sein durchtrainierter Körper war in seiner besten Zeit beeindruckend und nahezu dem von Arnold Schwarzenegger gleich. Er ist in den Bodybuilding-Magazinen „Muscle and Fitness" und „Muscle Mag International" von 1986 und 1988 auf den Titelseiten

abgebildet. Er war ab 1987 am Top Gym in Wien, im
19. Bezirk, beteiligt.

Arnold Schwarzenegger

Über Arnold Schwarzenegger braucht man nicht mehr
viel erzählen. Er ist der bekannteste und erfolgreichste
österreichische Bodybuilder überhaupt. Ein Hero, eine
Ikone des Bodybuilding-Sports. Es ist kaum zu
glauben, dass ein einfacher Junge aus einem kleinen
Dorf in Österreich zu so einem Ruhm kommen kann.
Das ist etwa vergleichbar mit Kurt Waldheim, der
Generalsekretär der Vereinten Nationen wurde. Arnold
wurde Gouverneur von Kalifornien. Auch deshalb ist
Arnold ein Beispiel für den Erfolg – nicht nur im
Bodybuilding, aber vorwiegend. Ein Beispiel für den
typisch amerikanischen Weg des Erfolgs und für den
Erfolg allgemein. Die Universität Heidelberg hat ihn
deshalb im Jahr 2009 zum Forschungsobjekt erklärt.
Das „Phänomen Arnold Schwarzenegger" steht für
„Interdisziplinäre Perspektiven auf Körper und Image",
heißt es.

Ehrgeiz, Fleiß, Ausdauer und ein wenig
Einbildung gehören auch zum Erfolg. Das haben viele

versucht, doch sie sind nicht zum großen Erfolg gekommen. Manche sind schon bald gescheitert. Man kann sich vieles einbilden, doch wenn auch andere sehen, wie gut man ist, dann sollte man erkennen, was man ist, welches Glück man hat so auszusehen und man sollte weitermachen. Und Arnold hat das getan. Ohne Wenn und Aber! Schon als junger Bodybuilder waren viele erstaunt über seine Muskelmasse. Und er selbst war wohl nicht wenig überrascht, wie schnell seine Muskeln wachsen konnten. Das ist seiner Physiognomie zu verdanken, den ungewöhnlichen Voraussetzungen seines Körpers, seiner Gene. Wer das nicht hat, kommt nur zu mäßigen Erfolgen. Auch die können schön sein und man sollte sich deshalb nicht vom Training abhalten lassen. Es gibt mittlerweile bei Wettbewerben viele Klassen in Körpergrößen und in Altersgruppen, wo man sich mit Gleichen messen und gute Erfolge erzielen kann.

Arnold erzählt in seinen Biografien stellvertretend für alle, die in den Anfängen des Bodybuildings in Österreich dabei waren, wie das damals war. Als in Schuppen, in Kellern, Wohnungen und im Freien trainiert wurde. Es war alles einfach und spartanisch eingerichtet; das meiste musste man sich selbst zusammenzimmern und zusammenschweißen. Wie Arnold selbst in seiner ersten Biografie mit Douglas Kent Hall 1977 schreibt, gab es 1962 nur etwa 20 oder 30 Bodybuilder in Österreich

Arnold Schwarzenegger

Das könnte etwa stimmen, wenn man jene dazuzählt, die in den Kraftkammern nur hie und da die Hanteln schwangen und nicht unbedingt einen perfekten muskulösen Körper haben wollten und nicht auf größere Erfolge aus waren. Einige haben nur den Bizeps trainiert, dessen Größe damals das Synonym schlechthin für einen starken Kerl war, die anderen Muskelgruppen hat man eher vernachlässigt.

Besonders die Beinmuskeln haben nur wenige trainiert, man sah kaum jemand Kniebeugen machen.

Wie Arnold auch schreibt, war er mit seinen ersten Trainingskollegen beim idyllisch gelegenen Thalersee, nahe seinem Geburtshaus, nur etwa 10 km von Graz entfernt, unterwegs. Sie hatten dort viel Spaß, gingen schwimmen und machten Fotos, die ihre athletischen Körper zeigten. Sie kauften sich auch die ersten Muskel-Magazine, die damals in den Zeitungsläden in den Bahnhöfen erhältlich waren und die die amerikanischen Bodybuilder zeigen: Reg Park, Ray Routledge, Jack Delinger und Larry Scott. Diese Athleten haben auch die Grazer Burschen damals angeregt Muskeltraining zu betreiben.

Auch die sogenannten „Sandalenfilme" waren Vorbilder, mit muskulösen Männern, die die antiken Helden Herkules, Samson, Ursus und Maciste spielten, meistens alle Bodybuilder, die in der Filmbranche ihren Körper zu Geld machten, darunter Reg Park, Steve Reeves, Mark Forest, Brad Harris und Gordon Mitchel.

Im Jahr 1966 hat sich Arnold – wie man allgemein weiß – während des Grundwehrdienstes aus der Kaserne geschlichen, um am Mr. Europa in

Stuttgart teilzunehmen, so ehrgeizig war er. Schon im nächsten Jahr konnte er den Titel gewinnen. Zweiter wurde Helmut Riedmeier aus München. Dabei war auch Franco Columbu aus Italien, der Vierter wurde. Dann ging es Schlag auf Schlag. Zunächst war er Fitnesstrainer in einem Münchner Studio, doch er wollte mehr. Wie man weiß, war Arnold ein Fan von Reg Park, dem Engländer, der schon 1946 und 1949 Mr. Britain und dreimal – 1951, 1958 und 1965 – Mr. Universe der NABBA war und Arnolds Vorbild. Und so ging Arnold 1966 auch nach England – zum Mr. Universe der NABBA in London. Reg Park hat er dort nicht getroffen, doch er konnte hinter Chester Yorton, einem Amerikaner, einen beachtlichen zweiten Platz erreichen. Das war wohl wieder eine Bestätigung für ihn, dass er weitermachen musste. Man muss bedenken, dass Arnold damals gerade 19 Jahre alt war, ein Alter, in dem manche erst angefangen haben zu trainieren. Er hatte damals schon einen Armumfang von 50 cm. Bei vielen waren schon 45 cm ein großer Erfolg – und die waren älter. Arnold hat das schon in jungen Jahren übertroffen. Trainingskameraden haben erzählt, dass Arnolds Armumfang, während dem Training um einige Zentimeter größer wurde.

Im Jahr 1967 ging Arnold wieder nach England zum Mr. Universe der NABBA. Diesmal konnte er den Titel für sich gewinnen, er war Sieger in seiner Größenklasse und Gesamtsieger, zweiter in Arnolds Klasse wurde der Amerikaner Dennis Tinerino, Den Titel Most Muscular gewann Wilfred Sylvester aus England, der in seiner Größenklasse, der Klasse Short, Zweiter wurde. Es war Arnolds erster Mr. Universe-Titel. In diesem Jahr konnte er sein Idol Reg Park treffen und sogar mit ihm trainieren. Gemeinsam bei einem Wettbewerb waren sie in diesem Jahr nicht.

Im Jahr 1968 ging Arnold jedenfalls nach Amerika und das war die beste Entscheidung, die er treffen konnte; zu den Besten zu gehen und zu zeigen, was er erreichen kann. Nur mit den Besten kann man sich messen, um zu sehen, ob man nicht auch einer von ihnen sein kann. Und Arnold räumte noch im selben Jahr den nächsten Titel ab, den Mr. Universe Pro der NABBA, also bereits als Profi. Zuvor hatte er einen 2. Platz beim Mr. Universe der IFBB hinter einem der besten amerikanischen Bodybuilder, Frank Zane, worüber man nicht traurig sein muss. Arnold mit seinem Ehrgeiz wird das wohl anders gesehen haben.

1969 räumte Arnold gleich vier Titel ab, den Mr.
Europe der IFBB, den Mr. International der IFBB, den
Mr. Universe der IFBB und den Mr. Universe Pro der
NABBA. Beim Mr. Olympia der IFBB war er schon
Zweiter hinter Sergio Oliva. Im Jahr 1970 konnte
Arnold sogar sein Vorbild Reg Park beim Mr. Universe
Pro der NABBA schlagen. Arnold war Sieger, Reg
Park Zweiter – wohl in aller Freundschaft. Und man
muss es auch hier sagen, da war Arnold gerade mal 22
Jahre alt. Andere würden sich freuen, wenn sie nur
einen dieser Titel erreicht hätten – wenn auch in einem
späteren Alter. Und vermutlich war das bei dem einen
oder dem anderen der Fall. Doch für Arnold galten
andere Maßstäbe, seiner unglaublichen Körper-
konstitution und seinem Trainingswillen zu verdanken.
Und es kam auch so! Er wurde in den Jahren 1967 bis
1970 fünfmal Mr. Universe, viermal bei der NABBA
und einmal bei der IFBB und von 1970 bis 1980
siebenmal Mr. Olympia der IFBB. Zuletzt 1980 im
Alter von 33 Jahren vor Bodybuildergrößen wie Chris
Dickerson, Frank Zane, Boyer Coe, Mike Mentzer,
Roy Callendar und anderen. Eine unglaubliche
Leistung, die nur wenige später erreicht haben.

Die Anfänge in Wien

Neben den Grazer Athleten und Bodybuildern in den Anfängen des Bodybuildings in Österreich waren auch andere Vorreiter in dieser Sportart. In Wien eröffnete Hermann Vollhofer, Sportlehrer und Staatsmeister im Judo 1947 und 1948, Catcher und Wrestler bei internationalen Turnieren in Europa, im Jahr 1950 eine Sportschule, in der Schönbrunnerstraße, im fünften Wiener Gemeindebezirk. Anfangs war das mehr eine Gymnastikschule, doch bald entwickelte sie sich zu einem Bodybuilding-Studio. Es lag in einer großen Wohnung im dritten Stock eines älteren Mehrparteienhauses. Die Ausstattung war der damaligen Zeit entsprechend sehr spartanisch und einfach.

Es gab diverse Kugelhanteln und später auch Scheibenhanteln. Zwei Seilzugmaschinen, eine Reckstange, eine Bank zum Bankdrücken, eine Kletterwand mit einer darunterliegenden Matte, diverse lange niedrige Bänke, wie jene in den herkömmlichen Turnsälen, eine Beinstreckmaschine und eine Beinpressmaschine, die aus einer Holzkiste bestand, die man hochdrücken musste und die nicht nur mit großen Hantelscheiben aus Eisen, sondern auch mit Pflastersteinen gefüllt war. Die Kiste hatte zur Dämpfung des Gewichts beim Herunterlassen starke Spiralfedern aus Eisen. Die Geräte waren teilweise von Tischlern und Schlossern selbst hergestellt.

Die Sportschule Hermann Vollhofer, 1988.

Bei Hermann Vollhofer trainierten namhafte Personen aus der Kunst und aus dem Sport, da seine Sportschule damals lange die einzige in Wien war, wo man mit Gewichten trainieren konnte. Es kamen berühmte Wrestler vom Heumarkt, wenn dort die Meisterschaften der Catcher, der Berufsringer ausgetragen wurden. Darunter Jim Hellwig, der „Ultimate Warrior" und Terry Scott Szopinski, der „Warlord". Auch Earl Maynard, der mehrfache Mr. Universe, der später als Catcher auftrat und in Wien bei der Meisterschaft am Heumarkt war und als Sieger hervorging, trainierte dort.

Auch der bekannte Schlagersänger Freddy Quinn trainierte einmal bei Hermann Vollhofer, als er in Wien war. Wie man wusste, hielt sich Freddy Quinn mit Hanteltraining fit. Ein Foto von ihm mit seinem Autogramm zierte jahrelang die Wand beim Schreibtisch von Hermann Vollhofer, die mit vielen Auszeichnungen und Medaillen geschmückt war. Im Jahr 1988 hatte Hermann Vollhofer seine Sportschule geschlossen und ging in den Ruhestand. Ich trainierte bei ihm – mit kleinen Unterbrechungen – ab 1964 bis zum Ende. Mehr dazu später.

Erste Bodybuilder in Linz

Es gab aber nicht nur in Graz und in Wien erste Bodybuilder, sondern auch in Linz. Schon Anfang der 1970er Jahre trainierten einige Athleten ihre Muskeln im Römerberg Studio in Linz. Darunter Max Schweighardt, der 1975 Bestgebauter Athlet Europas wurde und 1977 bei den European Amateur Championships der IFBB teilgenommen hat und den 10. Platz in der Klasse Leichtgewicht erreichte. Im Schwergewicht wurde Karl Kainrath Sechster und im Mittelgewicht Walter Bubenicek Zweiter. Beim Mr. Universe der IFBB im gleichen Jahr 1977 erreichte Max Schweighardt ebenfalls den 10. Platz im Leichtgewicht. Im Schwergewicht wurde hier Karl Kainrath Fünfter und Walter Bubenicek im Mittelgewicht Vierter.

Im Römerberg Studio in Linz trainierte auch Günter Kohout, der 1966 Mr. Austria wurde und beim Mr. Universe der NABBA 1975 in der Klasse Medium den 16. Platz erreichte. An diesem Wettbewerb nahmen auch Karl Kainrath, der in der großen Klasse Tall Neunter wurde und Walter Bubenicek, der in der Klasse Medium Siebenter wurde, teil. Gesamtsieger wurde der Amerikaner Ken Waller. Günter Kohout wurde 1995 auch Seniorenweltmeister. Im Römerberg Studio trainierte auch Martin Gstöttner, der Mister Austria 1977.

Günter Kohout

Im Jahr 1978 eröffnete Peter Papula, der Gründer der Zeitschrift „Fitnessnews", das erste gewerbliche Studio in Linz, das Athletic-Sportstudio in der

Gärtnerstraße. Anfang der 1980er Jahre eröffnete Günter Kohout sein eigenes Studio, Max Schweighardt sperrte das California Fitnesscenter auf. Günther Hennerbichler öffnete in der Gothestraße sein Studio Trim Fit. Im Jahr 1982 öffnete Erika Papula das Lady Fitness, das erste Damenstudio in Österreich.

Max Pangerl, der im Jahr 2000 bei den European Championships der NABBA in der Klasse Masters den 1. Platz belegte, eröffnete in Linz Urfahr sein Studio Mühlviertel. Max Pangerl hatte ab 1986 mehrere gute Platzierungen bei den World Championships der NABBA und bei den Mr. Universe der NABBA – beim Mr. Universe der NABBA 1993 wurde er in der Klasse Masters Zweiter. An diesem Wettbewerb nahmen drei weitere Österreicher teil: Hannes Engelschall, der in der Klasse Tall Dritter wurde; Manfred Warschilska, der sich in der Klasse Medium-Tall nicht qualifizieren konnte und Erwin Lehner, der in der Klasse Medium den 8. Platz belegte. Hannes Engelschall konnte ab 1992 mehrere gute Plätze bei den World Championships der NABBA und den Mr. Universe der NABBA erreichen – 1993 und 1999 zwei dritte Plätze.

Die Anfänge in Salzburg

Einer der Vorreiter des Bodybuildingsports in Österreich war Werner Wistuba. Ein Salzburger, der schon 1960 zu trainieren begonnen hatte und später ein eigenes Studio in Hallein eröffnete, das guten Zuspruch fand.

Werner Wistuba

Bald darauf belieferte er mit einem eigenen Sportartikelgeschäft die österreichischen Athleten mit Kraftnahrung und Geräten – damals einzigartig in Österreich. Werner Wistuba hatte auch erfolgreich an Wettbewerben in Österreich und Deutschland teilgenommen und gute Platzierungen erreicht.

Große Erfolge der Österreicher

Einer der ersten Bodybuilder in den 1980er Jahren war Karl Hauer, der bei den World Championships der WABBA (World Amateur Bodybuilding Association) 1983 in seiner Größenklasse Tall Vierter wurde. Gesamtsieger wurde der Italiener Pierro Venturato. Die Klasse Professional gewann Serge Nubret. Karl Hauer war auch Gewinner bei Mr.-Austria-Wettbewerben der NABBA 1981, 1985 und 1986.

Thomas Zechmeister, erreichte bei den World Amateur Championships der IFBB 1995 den 3. Platz im Schwergewicht. Beim gleichen Wettbewerb 1993 belegte er den 5. Platz und 1992 den 8. Platz. 1997 erreichte er bei Grand Prix-Wettbewerben der IFBB einige der unteren Plätze.

Christian Pickelmann, erzielte bei den World Championships der IFBB 2001 den 2. Platz im Masters Schwergewicht (Heavy Weight), beim gleichen Wettbewerb 2002 und 2003 jeweils einen 4. Platz und 2007 in der Klasse Masters über 40 (40+) einen 11. Platz.

Roland Kickinger gehört ebenfalls zu den bekanntesten und am besten aussehenden österreichischen Bodybuildern der 1990er Jahre. Er nahm an mehreren internationalen Wettbewerben teil und erreichte einige gute Plätze

In seiner muskulösen Erscheinung kam er Arnold Schwarzenegger am nächsten. Das Muskel-Magazin „Iron Man" fragte in seiner Ausgabe vom Mai 1994: „Is this the next Arnold?" Andere Magazine, wie „Muscle and Fitness", „Muscle Mag International" und „Planet Muscle" haben ihn am Titelbild abgebildet

Walter Stückler, erreichte bei den European Amateur Championships der IFBB 1994 im Mittelgewicht den 1. Platz, er war also Europameister der Amateure im Mittelgewicht, bei den World Amateur Championships der IFBB 2005 erreichte er in der Klasse Masters Leichtgewicht den 3. Platz, beim selben Wettbewerb 2007 in der Klasse Masters über 40 (40+) erreichte er im Mittelgewicht den 10. Platz.

Roland Kickinger

Ronald Ullram, erreichte bei den European Amateur Championships der IFBB 2006 im Leicht-Schwergewicht (Light-Heavy Weight) den 5. Platz. Bei den World Amateur Championships der IFBB 2006 im Leicht-Schwergewicht den 10. Platz. Er konnte schon 2003 einen 6. Platz bei den European Amateur

Championships der IFBB im Leicht-Schwergewicht erzielen und im selben Jahr bei den World Amateur Championships der IFBB einen 9. Platz.

Mario Hemmer, erreichte bei den European Amateur Championships der IFBB 2006 den 2. Platz in der Klasse Super-Schwergewicht (Super-Heavy Weight), 2009 ebenfalls im Super-Schwergewicht einen 2. Platz bei den World Championships der WBPF (World Bodybuilding and Physique Sports Federation), 3. Plätze erreichte er bei den World Championships der NABBA 2001 und 2002, bei den European Championships der NABBA 2002, beim Mr. Universe des NAC (National Athletic Comitee) 2009 und beim Mr. Universe der NABBA 2011 in der Klasse Tall. Im Jahr 2006 kam er bei den World Amateur Championships der IFBB im Super-Schwergewicht auf den 4. Platz, 2003 beim Mr. Universe der NABBA in der Klasse Tall auf den 6. Platz und 2007 erreichte Mario Hemmer bei den World Amateur Championships der IFBB im Super-Schwergewicht den 7. Platz. 2012 kam er in der Klasse Masters über 40 (40+) bei den World Championships der NABBA auf den 5. Platz.

An den World Amateur Championships der IFBB 2007 nahmen neben Mario Hemmer auch die Österreicher Alexander Sturm, Hans Dzuban, Christian Pickelmann, Walter Stückler und Nedialko Stoilov teil. Alexander Sturm kam auf Platz 14 im Super-Schwergewicht, Hans Dzuban erreichte den 12. Platz in der Klasse Masters über 40 (40+) im Schwergewicht, Christian Pickelmann kam auf Platz 11, ebenfalls in der Klasse Masters über 40 (40+) im Schwergewicht, Walter Stückler erreichte den 10. Platz ebenfalls in der Klasse Masters über 40 (40+) allerdings im Mittelgewicht, Nedialko Stoilov kam ebenfalls in der Klasse Masters über 40 (40+) im Leicht-Schwergewicht auf den 15. Platz, im gleichen Wettbewerb im Jahr 2010 erreichte Nedialko Stoilov den 13. Platz.

Im Jahr 2013 konnte Wolfgang Schober bei den European Amateur Championships der IFBB in der Klasse Masters über 50 (50+) im Schwergewicht einen 1. Platz erringen, er war also in dieser Klasse Europameister der Amateure. Wolfgang Schober wurde bei diesem Wettbewerb auch Overall Winner, also Gesamtsieger. Gesamt-Europameister der Amateure. In diesem Jahr holte sich Wolfgang Schober auch einen 1. Platz beim Wettbewerb Arnold Amateur der IFBB in der Klasse über 50 (50+). Schon 2011 erreichte er einen 1. Platz bei den World Amateur Championships, den Weltmeisterschaften der Amateure, der IFBB in der Klasse Masters über 50 (50+) im Schwergewicht. Also war er in dieser Klasse Weltmeister der Amateure.

Gute 2. Plätze erreichte Wolfgang Schober 2009 bei den European Amateur Championships der IFBB in der Klasse über 50 (50+) im Schwergewicht, 2011 beim Wettbewerb Arnold Amateur Europe der IFBB, ebenfalls in der Klasse über 50 (50+), dann 2014 wieder beim selben Wettbewerb in der gleichen Klasse und nochmal 2016. Einen 2. Platz holte er sich auch beim Bewerb Mr. Pittsburgh Pro der IFBB in der gleichen Klasse über 50 (50+). 3. Plätze erreichte Wolfgang Schober bei den European Amateur Championships der IFBB 2007 in der Klasse Masters über 40 (40+) im Schwergewicht, bei den World Amateur Championships der IFBB 2009 in der Klasse Masters über 50 (50+) im Schwergewicht und beim selben Wettbewerb 2014 in der gleichen Klasse. Von 1989 bis 2016 hatte Wolfgang Schober mehrere gute

Platzierungen in den unteren Rängen bei verschiedenen Wettbewerben.

Im Jahr 2009 kam Mark Pocak bei den World Amateur Championships der IFBB in der Klasse Classic Tall auf den 15. Platz. Manuel Plachner erreichte 2014 beim Bewerb Arnold Amateur Europe der IFBB in der Klasse Classic Medium den 6. Platz und bei den World Amateur Championships der IFBB in der Klasse Classic Medium Tall den 7. Platz.

Im Jahr 2009 erreichte Manuel Narath beim Wettbewerb German Championships der IFBB den 5. Platz im Schwergewicht (Heavy Weight) und ebenfalls einen 5. Platz 2014 beim Wettbewerb Amateur Olympia Europe der IFBB in der Klasse Leicht-Schwergewicht (Light-Heavy Weight). Bei den European Amateur Championships der IFBB 2015 erreichte Manuel Narath den 6. Platz in der Klasse Schwergewicht und 2010 bei den World Amateur Championships der IFBB hatte er im Leicht-Schwergewicht einen 7. Platz.

Nadialko Stoilov erreichte 2010 bei den World Amateur Championships der IFBB in der Klasse Masters über 40 (40+) im Leicht-Schwergewicht den 13. Platz, 2007 hatte er einen 15. Platz bei den World

Amateur Championships der IFBB in der Klasse Masters über 40 (40+) im Leicht-Schwergewicht.

Andreas Stummer kam 2010 bei den World Amateur Championships der IFBB in der Klasse Classic Medium auf den 7. Platz, Michael Lackner in der gleichen Klasse auf Platz 12.

Bei den World Amateur Championships der IFBB 2012 erreichte Andreas Grünmeyer in der Klasse Classic Tall den 5. Platz, Kurt Strohmayer konnte in der Klasse Classic Masters über 40 (40+) den guten 3. Platz belegen und Alois Rettenwender erreichte in den Classic Masters über 50 (50+) den 10. Platz.

Im Jahr 2010 erreichte Karl Hanning bei den European Amateur Championships der IFBB in der Klasse Masters über 60 (60+) den 2. Platz und ebenfalls einen 2. Platz 2016 beim selben Wettbewerb in der Klasse Masters über 65 (65+). 2012 hatte Karl Hanning ebenfalls bei den European Amateur Championships der IFBB in der Klasse Masters über 60 (60+) einen 3. Platz. Im Jahr 2013 hatte er bei den World Amateur Championships der IFBB in der Klasse Masters über 60 (60+) den 4. Platz, Rene Kenda kam bei diesem Wettbewerb in der Klasse Classic Short auf den 4. Platz und Michael Horvath in der Klasse Classic

Medium auf den 12. Platz. Bei der Weltmeisterschaft der NABBA 2013 erreichte Willy Maitner den 3. Platz.

Im Jahr 2016 erreichte Karl Hanning bei den World Amateur Championships der IFBB in der Klasse Masters über 65 (65+) ebenfalls einen 3. Platz und beim selben Wettbewerb 2017 erreichte Jörg Kapfer in der Klasse Masters über 45 (45+) den 13. Platz im Schwergewicht. Schon 1999 hatte Jörg Kapfer einen 7. Platz beim selben Wettbewerb in der gleichen Klasse Schwergewicht und 2010 einen 8. Platz bei den European Amateur Championships der IFBB ebenfalls in der gleichen Klasse Schwergewicht.

Bei den World Amateur Championships der IFBB 2020 erreichte Andrej Mandic im Leicht-Supergewicht den 1. Platz, er wurde damit Weltmeister der Amateure in dieser Klasse. Christian Racan erreichte bei diesem Wettbewerb im Leicht-Mittelgewicht und in der Klasse Masters über 45 (45+) im Mittelgewicht ebenfalls einen 1. Platz, er war damit in diesen Klassen Weltmeister der Amateure. Bei diesem Wettbewerb World Amateur Championships der IFBB 2020 erreichten Denis Petrovic in der Classic D den 6. Platz und Nebosja Gojkovic den 7. Platz.

Wieder ein Mr. Univers aus Österreich

Nach Karl Kainrath, der 1970 Mr.-Universe-Klassensieger wurde, konnte Mustafa Mohammad 1992 einen Gesamtsieg holen. Beim Wettbewerb Mr. Universe der NABBA 1992 erreichte er in der Klasse Medium Tall, also in der großen Klasse, einen 1. Platz und wurde auch Overall Winner, also Gesamtsieger. Erstmals wurde wieder ein Österreicher nach Arnold Schwarzenegger Mr.-Universe-Gesamtsieger. Klaus Mehringer erreichte bei diesem Wettbewerb 1992 in der Klasse Tall den 4. Platz. Mustafa Mohammad erreichte bei den World Championships der NABBA 1992, in der Klasse Medium Tall den 1. Platz und wurde bei diesem Wettbewerb ebenfalls Overall Winner, also Gesamtsieger und Weltmeister. Mustafa Mohammad hatte schon 1991 einen 2. Platz beim Wettbewerb Mr. Universe der NABBA in der Klasse Tall. Gute 3. Plätze hatte er 1990 bei den World Championships der NABBA in der Klasse Medium, beim Grand Prix Holland der IFBB 2003 und 2004 und weitere gute Platzierungen in den unteren Rängen bei verschiedenen Wettbewerben von 1989 bis 2006.

Mustafa Mohammad

Beim Mr. Universe der NABBA 1993 und bei den World Championships der NABBA 1999 konnte Hannes Engelschall in den Klassen Tall und Medium Tall gute 3. Plätze erreichen; Erwin Lehner erreichte beim Wettbewerb Mr. Universe der NABBA 1993 in der Klasse Medium den 8. Platz und Max Pangerl beim selben Wettbewerb in der Klasse Masters den guten 2. Platz. Max Pangerl konnte in derselben Klasse Masters im Jahr 2000 bei diesem Wettbewerb der NABBA den guten 3. Platz erzielen.

Im Jahr 2001 erreichte Mario Hemmer beim Mr. Universe der NABBA in der Klasse Tall den 4. Platz, Max Pangerl in der Klasse Masters ebenfalls den 4. Platz und Gerhard Grossauer in der Klasse Masters den 5. Platz.

Beim Mr. Universe der NABBA 2009 konnte Walter Lettner in der Klasse Tall den 4. Platz erreichen, Christian Klee in der Klasse Masters über 40 (40+) ebenfalls den 4. Platz. Beim selben Wettbewerb 2010 erreichte Walter Lettner wieder einen 4. Platz in seiner Klasse Tall, 2011 kam Mario Hemmer in der Klasse Tall auf den guten 3. Platz. 2013 wieder auf einen 3. Patz beim Mr. Universe der NABBA.

Im Jahr 2012 erreichte beim Mr. Universe der NABBA Armin Gangl in der Klasse Tall den guten 2. Platz. Michael Elberthart, Ernst Barnet, Hannes Engelschall, Christian Klee und Alexander Sturm konnten sich nicht platzieren.

Beim Mr. Universe der NABBA 2013 erreichte Thomas Burianek in der Klasse Tall den guten 3. Platz und Mark Hammer in der Klasse Masters über 40 (40+) den ebenfalls guten 3. Platz. Daniel Mayer konnte sich nicht platzieren.

Im Jahr 2014 begann die Zeit der Erfolge des Fabian Mayr. Er konnte in diesem Jahr beim Mr. Universe der NABBA bereits einen guten 3. Platz in der Klasse Tall erringen. Den 6. Platz in dieser Klasse erreichte Armin Gangl. Im Jahr darauf konnte im selben Wettbewerb Rainer Stoss in der Klasse Medium-Tall den 1. Platz erobern, er konnte damit als Sieger hervorgehen. Erstmals wieder ein österreichischer Mr.-Universe-Klassensieger seit Mustafa Mohammad. Auch jeder Klassensieger beim Mr. Universe gilt als Mr. Universe und das ist nach so einem Erfolg berechtigt. Patrick Hofinger erreichte bei diesem Mr. Universe 2015 in der Klasse Junior den 6. Platz.

Der nächste Mr. Universe aus Österreich

Das Jahr 2016 war das Jahr des Fabian Mayr beim Mr. Universe der NABBA. Er konnte erstmals nach Mustafa Mohammad als Gesamtsieger dieses klassischen Wettbewerbs, den so viele gewinnen wollen, hervorgehen. Er erreichte in seiner Größenklasse, der größten Klasse Tall, den 1. Platz und wurde auch Overall Winner, also Gesamtsieger. Ein schöner und ausgezeichneter Erfolg, den nur wenige für sich beanspruchen können. Umso schöner, dass das auch österreichischen Athleten gelungen ist.

Fabian Mayr

Durch die hohe Zahl an Teilnehmern, die immer größer geworden ist, die aus aller Herren Ländern zum Wettbewerb antreten, ist ein Sieg immer schwieriger geworden. Beim Mr. Universe Pro der NABBA 2016 erreichte Fabian Mayr einen 5. Platz. Im Jahr 2020 konnte Fabian Mayr beim Arnold Amateur der IFBB in der Classic wieder einen Gesamtsieg erreichen.

Im Jahr 2019 waren wieder österreichische Bodybuilder Teilnehmer beim Mr. Universe der NABBA und versuchten ihr Glück; sie konnten gute Erfolge verzeichnen. Johannes Lieberich erreichte in der Klasse Tall den guten 2. Platz, Harry Lehner in der Klasse Medium den 3. Platz, Rene Kenda in der Klasse Short den 3. Platz, Markus Kruisz in der Klasse Junior den 2. Platz, Florian Gindl in der Classic den 3. Platz und Mathias Leitgeb in der Classic den 6. Platz.

Ein Weltmeister aus Neunkirchen

Einer dieser Österreicher ist Alex Englitsch aus Neunkirchen, in Niederösterreich, der 2019 seinen Traum erfüllen und in der Klasse über 50 (50-54) und bis 80 kg bei den World Master Championships der IFBB einen 1. Platz erreichen konnte, er wurde also Weltmeister der Masters, der Meister. Schon 2014 erreichte er bei den European Amateur Championships der IFBB in der Klasse über 40 (40+) im Leicht-

Schwergewicht (Light-Heavy Weight) den 3. Platz. Bei diesem Wettbewerb erreichte Christian Racan in der Klasse Mittelgewicht über 40 (40+) den 6. Platz.

Alex Englitsch

Weitere Mr. Universe aus Österreich

Nach Fabian Mayr konnte im Jahr 2022 Daniel Glamm einen Mr.-Universe-Titel der NABBA für Österreich erringen. Im Jahr 2023 konnte sich Klaus Drescher einen Mr.-Universe-Titel der NABBA holen. Im Jahr 2018 hatte er bereits einen 2. Platz beim Mr. Universe der NABBA in der Klasse Tall. Christian Winkler holte sich den Mr. Universe 2024 in der Klasse über 50 (50+).

Zwar keinen Mr. Universe, aber einen Sieg in der Klasse Masters über 50 (50+) holte sich Daniel Mayer bei den Midwest Championships (STL) der NPC 2016.

Man sieht, dass österreichische Athleten und Athletinnen im Bodybuilding bei vielen Wettbewerben und Meisterschaften international gute Plätze erzielen und auch als Sieger hervorgehen konnten. Ein neuer Mr. Olympia aus Österreich nach Arnold Schwarzenegger fehlt noch, doch nach der Klasse der bisherigen österreichischen Athleten zu schließen, scheint das nicht unmöglich zu sein. Es sind also nicht nur die Männer, die große Erfolge erzielten, auch die Frauen konnten mit vielen guten Platzierungen glänzen.

Bodybuilderinnen in Österreich

Seit 1983 sind auch die Frauen in Österreich verstärkt zum Bodybuilding gekommen. Es gab zwar schon früher Frauen in Österreich, die mit Gewichten trainierten oder ihre Kraftleistungs-Kunststücke damit zur Schau stellten, doch in den 1980er Jahren machten es die Frauen verstärkt den Männern gleich; sie trainierten wie sie und gingen auch zu Wettbewerben wie sie – natürlich zu solchen nur für Frauen. Diese wurden von verschiedenen Verbänden organisiert. Die Männer durften als Zuschauer dabei sein – na klar, es war schon 1983! – und die Frauen bei ihren Posings anfeuern. Später gab es gemeinsame Wettbewerbe wo Frauen und Männer getrennt bewertet wurden.

Eine der Ersten war Hermine Klinger; sie erreichte 1983 bei den European Championships der WABBA einen Gesamtsieg und wurde in Österreich groß gefeiert. Sie stand in den Zeitungen, als die erste österreichische Bodybuilderin, die bei einem internationalen Wettbewerb gewinnen konnte. In den 1980er Jahren konnte sie mehrere Gesamtsiege und gute Plätze bei internationalen Meisterschaften erreichen. 1986 kam sie bei den World Championships der NABBA auf den 6. Platz. Bei einem anderen Wettbewerb, bei den World Amateur Championships der IFBB 1988, konnte Hermine Klinger im Leichtgewicht den 5. Platz erreichen und 1989 beim gleichen Wettbewerb wieder den 5. Platz bekommen

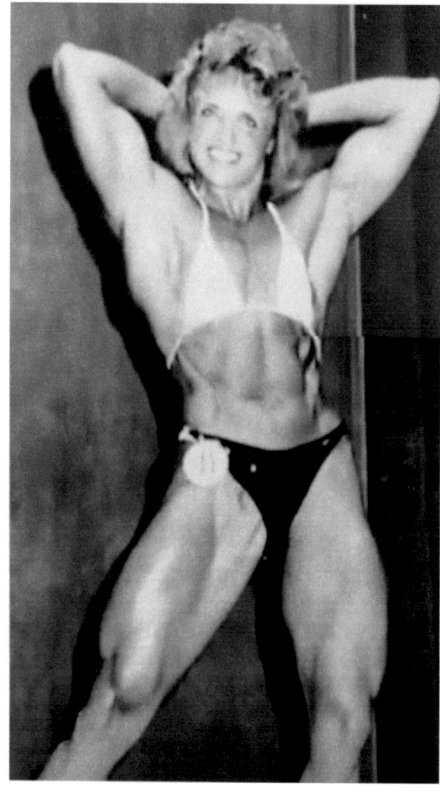

Hermine Klinger

.

Bei den World Championships der NABBA 1988 konnte Susanna Hauer in der Klasse Tall den 1. Platz erringen, sie war in dieser Klasse also Weltmeisterin. Auch das war ein großer Erfolg für eine österreichische Athletin. In dieser Klasse kam Roswitha Janatsch auf den 2. Platz. Auch Beate Plank konnte bei diesem Wettbewerb in der Klasse Figure einen 1. Platz erreichen, sie wurde in dieser Klasse also ebenfalls Weltmeisterin. Elizabeth Resch kam auf den 3. Platz und Claudia Wolfgruber auf den 5. Platz. Brigitte Dolber kam auf den 6. Platz in der Klasse Short.

Beate Plank erreichte bei den World Championships der NABBA 1989 in der Klasse Figure Tall wieder einen 1. Platz und konnte auch als Overall Winner in der Klasse Figure den Gesamtsieg holen, sie war also hier Gesamtweltmeisterin. Claudia Klein kam in der Klasse Figure Tall auf den 5. Platz. Elizabeth Resch kam in der Klasse Figure Short auf den 4. Platz.

Im Jahr 2002 konnte Romina Paoli bei den European Championships der NABBA in der Klasse Figure Short den 3. Platz erreichen und 4. Plätze in der gleichen Klasse im selben Jahr beim Wettbewerb Universe der NABBA und bei den World Championships der NABBA. 2003 holte sie sich ebenfalls einen 4. Platz in ihrer Klasse wieder bei den European Championships der NABBA. In diesem Jahr kam sie auch auf einen 6. Platz bei den World Amateur Championships der NABBA.

Großartige Erfolge hatte Caroline Wang; sie erreichte bei den World Championships der NABBA 2013 einen 1. Platz in der Klasse Bodybuilding, im Jahr 2006 erreichte sie beim selben Wettbewerb in der gleichen Klasse einen 2. Platz, ebenfalls im Jahr 2015. Im Jahr 2017 wurde Caroline Wang bei diesem Wettbewerb der NABBA in der Klasse Physique Winner, also Gewinnerin. Einen 3. Platz erreichte sie wieder bei den World Championships der NABBA 2007 und 2012.

Die erste Ms. Universe aus Österreich

Im Jahr 2018 erreichte Lara Tasharofi bei den World Championships der NABBA in der Klasse Figure den 5. Platz. Jekaterina Übelacker kam bei diesem Wettbewerb in derselben Klasse auf den 3. Platz. Jekaterina Übelacker war aber 2018 beim Wettbewerb Universe der NABBA in der Klasse Figure Winner, also Siegerin mit einem 1. Platz und damit die erste österreichische Ms. Universe, eine Athletin auch aus Graz, der Hochburg des Bodybuildings in Österreich. Auch in der zweiten Klasse Pro Figure war Jekaterina Übelacker bei diesem Wettbewerb Siegerin; sie kam ebenfalls auf den 1. Platz und kann damit als Gesamtsiegerin gesehen werden. Beim Wettbewerb Universe der NABBA 2019 kam sie wieder in ihrer Klasse Pro Figure auf den 1. Platz, sie war also zweimal Ms. Universe, einmal 2018 als Gesamtsiegerin und 2019 als Klassensiegerin. Bei diesem Wettbewerb 2019 kam Ella Rauschmeier in der Klasse Figure auf den 2. Platz.

Bei den European Amateur Championships der IFBB 1990 erreichte Rosa Stix im Leichtgewicht den 2. Platz, im selben Jahr kam sie bei den World Amateur Championships der IFBB auf den 9. Platz.

Im Jahr 1991 konnte Rosa Stix bei den World Amateur Championships der IFBB im Leichtgewicht einen 3. Platz erreichen. Auch 2. Plätze sind immer ein Erfolg, weil sie knapp nach dem Sieger oder der Siegerin sind – es sind Vize-Plätze, Vize-Meister, hier Vize-Meisterin, die auch immer gerne als großer Erfolg gezeigt und gewertet werden.

Jekaterina Übelacker

Im Jahr 1991 erreichte Ursula Teply bei den European Amateur Championships der IFBB den 3. Platz im Schwergewicht, 1992 bei den World Amateur Championships der IFBB den 11. Platz im Schwergewicht. Bei den World Games 1993 kam Ursula Teply auf den 5. Platz.

Regina Pirkelbauer kam bei den European Amateur Championships der IFBB 1991 im Mittelgewicht auf den 4. Platz. 1992 hatte sie beim selben Wettbewerb im Schwergewicht einen 6. Platz. Bei den World Amateur Championships der IFBB erreichte sie im gleichen Jahr 1992 den 14. Platz. Im Jahr 1990 hatte Regina Pirkelbauer einen 9. Platz bei den World Amateur Championships der IFBB im Mittelgewicht.

Im Jahr 1994 erzielte Beate Dräbing bei den European Amateur Championships der IFBB im Schwergewicht den 1. Platz, sie wurde also Europameisterin der Amateure, im Jahr 1997 erzielte sie wieder einen 1. Platz bei den World Amateur Championships der IFBB, sie wurde also auch Weltmeisterin der Amateure. Im Jahr 1994 kam Beate Dräbing bei den World Amateur Championships der IFBB in der Klasse Schwergewicht auf den 3. Platz, ebenso 1995. Bei diesem Wettbewerb 1995 erreichte Sandra Keuschnig ebenfalls im Schwergewicht den 13. Platz. Bei dem Wettbewerb World Amateur Championships der IFBB 1997 kam Heiki Wachter im Schwergewicht auf den 15. Platz und Claudia Klumaier im Mittelgewicht auf den 9. Platz. 1999 erreichte

Claudia Klumaier bei den World Amateur Championships der IFBB den 5. Platz im Mittelgewicht.

Bei den World Amateur Championships der IFBB 1999 kam Susanne Niederhauser im Mittelgewicht auf den 1. Platz und war damit Weltmeisterin der Amateure in dieser Klasse. Im Jahr 2002 erreichte sie wieder einen 1. Platz in der Klasse Leichtgewicht beim Southwest USA Pro Cup der IFBB. Bei den World Games 2001 erreichte Susanne Niederhauser einen 2. Platz und 2005 bei der Europe Super Show der IFBB kam sie im Leichtgewicht auf den 3. Platz, im Jahr 2003 hatte sie bei der Jan Tana Pro Classic der IFBB einen 4. Platz.

Am Beispiel Susanne Niederhauser sieht man wie nahe die Frauen der Muskulosität der Männer kommen. So mancher Mann hätte gerne eine derartige Figur.

Im Jahr 1998 erreichte Gabriele Mayer bei den European Amateur Championships der IFBB den 5. Platz im Schwergewicht, 1999 bei den World Amateur Championships der IFBB den 9. Platz im Schwergewicht und im Jahr 2002 beim selben Wettbewerb den 8. Platz im Schwergewicht. Bei diesem Wettbewerb 2002 erreichte Monika Volb im

Mittelgewicht den 7. Platz und ebenfalls den 7. Platz bei den European Amateur Championships der IFBB.

Susanne Niederhauser

Im Jahr 2006 erreichte Cornelia Schreiber bei den World Amateur Championships der IFBB in der Klasse Figure Masters den 11. Platz und beim selben Wettbewerb 2008 in der gleichen Klasse den 15. Platz.

Bei den World Amateur Championships der IFBB 2007 erreichte Silvia Pickelmann in der Klasse Figure Masters den 4. Platz.

Bei dem Wettbewerb Arnold Amateur Europe der IFBB 2011 kam Christine Schranz in der Klasse Figure D auf den 1. Platz, im selben Jahr erreichte sie bei den World Amateur Championships der IFBB ebenfalls in der Klasse Figure D den 3. Platz. 2015 hatte sie beim Wettbewerb Amateur Olympia Europe der IFBB in der Klasse Figure Tall den 4. Platz und schon zuvor kam sie bei den European Amateur Championships der IFBB 2009 in der Klasse Figure D auf den 5. Platz, sowie sie einen 5. Platz bei den European Amateur Championships 2014 in der Klasse Figure D hatte.

Im Jahr 2012 hatte Katarina Lankova beim Wettbewerb Arnold Amateur Europe der IFBB in der Klasse Figure D den 11. Platz, im selben Jahr hatte sie bei den World Amateur Championships der IFBB in der Klasse Figure D den 13. Platz.

Im Jahr 2016 erreichte Adrijana Dabic bei den European Amateur Championships der IFBB in der Klasse Physique A den 2. Platz, im selben Jahr kam sie beim Wettbewerb Arnold Amateur Europe der IFBB in der Klasse Physique A auf den 3. Platz. Einen 3. Platz hatte Adrijana Dabic auch bei den World Amateur Championships der IFBB 2015 in der Klasse Physique A und bei den World Amateur Championships der IFBB 2020 in der gleichen Klasse. Einen 4. Platz erreichte Adrijana Dabic beim Wettbewerb Amateur Olympia Europe der IFBB 2014 in der Klasse Physique A und beim Wettbewerb Arnold Amateur Europe der IFBB 2017.

Im Jahr 2016 erreichte Simona Kastl beim Wettbewerb Arnold Amateur Europe der IFBB in der Klasse Figure Junior den 4. Platz und im selben Jahr bei den World Amateur Championships der IFBB in der gleichen Klasse Figure Junior den 8. Platz.

Man sieht wie viele Frauen sich in den vergangenen Jahren dem Kraftsport und dem Bodybuilding auch in Österreich gewidmet haben und schöne Erfolge erzielt haben. Zählt man die hier genannten Teilnehmerinnen und alle andern aus den anderen Ländern dazu, dann ist Bodybuilding schon zu einem Breitensport auch in der Damenwelt geworden.

Ich, als Bodybuilder

Ich wurde zwar in Wien im Jahr 1948 geboren, doch aufgewachsen bin ich zunächst in Gießhübl bei Pflegeeltern. Da ich ein uneheliches Kind war, meine Mutter alleinstehend war und in diesen schwierigen Nachkriegsjahren viele Stunden am Tag arbeiten musste, konnte sie mich nicht betreuen. Im Alter von vier Jahren kam ich in ein katholisches Kinderheim in Kaiserebersdorf, im elften Wiener Gemeindebezirk. Dort war ich bis zum Alter von 14 Jahren und ich kannte den Rest von Wien praktisch nicht. Ich sah dort die Panzer der Alliierten abziehen, aufgeladen auf Eisenbahnwaggons in Richtung Osten. Wahrscheinlich waren es die Panzer der Russen.

Erst danach kam ich – weil die Kinder in diesem Alter das Heim verlassen mussten – zu meiner Mutter, die mich zwar im Kinderheim wöchentlich besucht und das Geld für meinen Aufenthalt im Heim selbst bezahlt hat, aber mich aus den zuvor genannten Gründen nicht zu sich nehmen konnte. Sie hatte inzwischen eine größere Gemeindewohnung im fünften Wiener Gemeindebezirk und dort lernte ich Wien erst so richtig kennen.

Bald darauf, als ich 15 Jahre alt war, kaufte ich mir einige Magazine und Hefte von muskulösen Männern, die mir gut gefallen haben. Als meine Mutter eines davon sah, nahm sie es mir weg, weil sie glaubte ich würde mich in eine besondere Richtung entwickeln, doch das war unbegründet. Mir haben nur die starken Männer mit ihren großen Muskeln imponiert, weil ich besonders schlank war und auch so aussehen wollte.

Ich wollte körperlich stärker werden aber nicht durch unkontrollierte Aufnahme von Nahrung, sondern durch mehr Muskeln. Ich fand das einfach ästhetischer, als mit einem großen Bauch herumzulaufen. Ich hatte damals auch schon ein Gefühl für ausgewogene Schönheit entwickelt, weil ich gerne zeichnete – Blumen, Landschaften und auch schöne Menschen. Meine Schulkameraden haben mich dafür immer bewundert, weil ich darin ganz gut war und sie das ebenso gerne machen wollten. Hey, Walter, zeichne mir was! So haben sie mir zugerufen.

Schon zwei Mädchen von den Pflegeltern in Gießhübl haben meine Zeichnungen bewundert. Eine von ihnen hat mir gut gefallen, doch haben wir uns dann aus den Augen verloren. Ich habe mich bei der Graphischen Lehr- und Versuchsanstalt, der

Kunsthochschule, in Wien am Stubenring beworben, um dort ein Studium zu beginnen, doch ich war dafür nicht gut genug. Dennoch habe ich mich später autodidaktisch und mit Kursen weiterentwickelt und war in dieser Tätigkeit für Werbung, Marketing und Information bei zwei großen Unternehmen jahrelang beschäftigt. Allerdings erst, als ich einen bodenständigen Beruf – wie das meine Mutter wollte – als Elektroinstallateur gelernt hatte. Das hat mir in meinem späteren Leben sehr geholfen und ich konnte viele Arbeiten im Haushalt selbst machen. Handwerklich geschickt war und bin ich ohnehin. Der Beruf hat mir auch bei der Aufnahme in den großen Betrieben, die verstaatlicht waren, geholfen, weil man nur mit einem erlernten Beruf dorthin kommt.

Dieser etwas persönliche Ausflug in mein junges Leben deshalb, weil ich zu dieser Zeit bei meiner Mutter, in der Wohnung im fünften Wiener Gemeindebezirk, zum Bodybuilding kam. Zuerst, wie gesagt, durch die Magazine. Ich kaufte mir über einen Versandhandel einen Expander und eine Handfeder und trainierte zunächst damit zuhause in der Küche, die größer und eine Wohnküche war. Ich machte auch Liegestütz und versuchte den Küchentisch zum

Bankdrücken zu verwenden. Ich legte mich darunter und startete einen Versuch an den unteren Querstäben zwischen den Tischbeinen, doch fiel der Tisch fast um und ich ließ es bleiben.

Erstes Training in einem Studio

Eines Tages, als ich 16 war, las ich in einer Lokalzeitung, dass es in unmittelbarer Nähe eine Sportschule gibt, wo man mit Gewichten trainieren kann. Die Adresse war angegeben und ich ging hin. Es war in der Schönbrunner Straße in meinem Wohnbezirk, dem fünften Wiener Gemeindebezirk. Als ich dort ankam, stand an der Eingangstür lediglich „Sportschule, 3. Stock" – also ging ich hinein und die Stiegen hinauf. Dort war eine bescheidene verglaste Tür beim Eingang zur Sportschule. Beim Öffnen der Tür läutete eine Glocke und man trat durch einen Vorraum in den Empfangsraum, wo auch die Umziehkästchen waren. Dort saß ein älterer schlanker Herr, der mich freundlich empfing. Ich erklärte ihm meinen Trainingswunsch in der Sportschule und nach einem Rundgang durch einen großen Trainingsraum, der mit verschiedenen Geräten, Bänken, Maschinen und mit Gewichten aller Art ausgestattet war, war er damit einverstanden und nahm mich als Mitglied auf. Es war der Besitzer der Sportschule selbst: Herr Hermann Vollhofer. Ich freute mich, endlich ordentlich trainieren zu können und begann gleich in den nächsten Tagen wöchentlich an drei Tagen zu trainieren. Das war 1964!

Das Studio, lediglich als Sportschule geführt, war sehr einfach und spartanisch eingerichtet. Es war aber alles vorhanden, was man zu einem Hanteltraining, zum Bodybuilding braucht: Langhanteln, Kurzhanteln, alle hauptsächlich Kugelhanteln, eine Bank zum Bankdrücken mit zwei Ständern zur Haltung einer Langhantel, andere lange niedrige Bänke wie in den Turnsälen in Schulen, eine Latissimus-Zugmaschine, eine Beinstreckmaschine, eine Beinpressmaschine, sogar mit Pflastersteinen zusätzlich zum Gewicht mit Eisenscheiben, an beiden Enden in die Wände montiert eine Eisenstange für Klimmzüge, eine große Sprossenwand und darunter Matten. Vieles davon selbst hergestellt von Tischlern, Eisengießern und Schlossern. Und alles in einem großen Raum mit mehreren Fenstern zur Gasse hinaus, in die Pilgramgasse, urig und spartanisch eingerichtet wie viele Bodybuilding-Trainingsräume in dieser Zeit. Ich habe dann bald erfahren, dass das Studio zunächst als Gymnastikraum eingerichtet war, weil Hermann Vollhofer aus dem Allgemeinsport kam und Sportlehrer war – seine Frau eine Gymnastiklehrerin und selbst eine ansehnliche körperliche Erscheinung, was auf Bildern an den Wänden des Raumes zu sehen war.

Hermann Vollhofer war in den Jahren 1947 und 1948 österreichischer Staatsmeister im Judo und in den Jahren 1952 und 1953 als Wrestler, Catcher am Wiener Heumarkt und auch im Ausland tätig und damit sehr erfolgreich. Er konnte zahlreiche Siege erringen. Im Jahr 1950 hatte er sein Studio in der Schönbrunner Straße eröffnet. Da kamen auch bald die ersten Bodybuilder, als die Sportschule mit den nötigen Geräten dafür eingerichtet war.

Ich begann dort 1964 – wie schon gesagt – mit dem Bodybuilding und Hermann Vollhofer war für mich lange Jahre auch irgendwie eine Vaterfigur, da ich meinen leiblichen Vater nicht hatte. Ich habe ihn auch all die Jahre bis zur Schließung seines Studios im Jahr 1988 immer respektvoll mit „Herr Vollhofer" angesprochen, er mich immer mit „Herr Hain" oder nur mit „Hain", obwohl wir sicher per Du sein hätten können, aber er hat mir das nie angeboten und ich habe das aus Respekt und aufgrund des Altersunterschiedes nicht angesprochen. Der letzte Tag in seiner „Sportschule" wird mir unvergessen bleiben und ein besonderes Ereignis sein. Auf einer Tafel haben alle an diesem Tag Anwesenden ihren Namen als Dankeschön an ihn für die vielen Jahre in sportlicher Freundschaft und das unermüdliche Dasein für uns in seinen Trainingsräumlichkeiten geschrieben. Hermann Vollhofer war auch als Kanute sportlich tätig und hat sich noch im Alter ein schweres Motorrad angeschafft.

Erste Erfolge

Ab 1964 trainierte ich also bei Hermann Vollhofer und ich wurde etwas muskulöser und legte auch ein wenig an Gewicht zu. Als ich anfing, hatte ich ein Körpergewicht von 57 kg bei einer Größe von 1,76 m. Nach etwa zwei Jahren konnte ich mein Gewicht schon auf 64 kg steigern, bei einer ansprechenden muskulösen Figur – wobei ich immer den gesamten Körper ausgewogen durchtrainierte. Ich habe mir das von den Sportmagazinen abgeschaut und selbst angewöhnt, weil ich wusste und auch gelesen habe, dass man nur so im Bodybuilding erfolgreich sein kann. Selbstredend wollte ich Mr. Universe werden oder wenigstens Mr. Europa.

Das habe ich mit Nachdruck verfolgt. Ich trainierte mit Gewichten so schwer, wie ich sie bewältigen konnte, um damit mehrere Wiederholungen zu machen. Im Bankdrücken am Anfang des Satzes mit 50 kg und dann zum Schluss 60 kg, im Armbeugen 10 und dann 12 kg pro Arm, selbstverständlich auch die entsprechenden Gewichte für den Trizeps, den Latissimus (an der Seilzugmaschine) und auch bei den Kniebeugen und beim Beinstrecken.

Mit 18 Jahren war ich schon ganz gut ausgebildet und ließ Fotos von mir machen, zuhause, im Freien in einem Kleingarten von meinen Großeltern in Kaisermühlen, nahe der Alten Donau (auch in einem Boot auf der Alten Donau) und im damaligen Überschwemmungsgebiet (siehe Bild vorige Seite) – eines mit einem schweren Stein nach den Darstellern der Herkules-Filme.

Man nahm sich im Freien solcher Hilfsmittel an, da es dort sonst keine gab – es gab aber Eisenstangen zwischen zwei Bäumen, die Turner angebracht hatten und man konnte damit Klimmzüge oder Bizepshochzüge machen.

Ich lernte den Beruf Elektroinstallateur und in dieser Eigenschaft war ich auch auf Baustellen tätigt.

Im Sommer hämmerte ich an den Mauern mit Meißel und Schlegel mit freiem Oberkörper, um gebräunt zu werden. Da staunten die Arbeitskollegen und manchmal auch Passanten, die an der Baustelle vorbeikamen. Mit freiem Oberkörper zu arbeiten, sah man auch andere auf den Straßen oder Baustellen. Man sah oft gut trainierte Arbeiter, die natürlich ihren Oberkörper zur Schau stellen wollten.

Die Wahl zum Mr. Austria

In diesen Tagen erfuhr ich aus der Zeitung, dass der bekannte Miss-Macher Erich Reindl einen Mr.-Austria-Wettbewerb im Wiener Nachtlokal Chattanooga am Graben veranstaltet. Es gab dazu auch eine Junior-Klasse. Das konnte ich mir nicht entgehen lassen. Es war für mich auch eine besondere Gelegenheit mich mit anderen messen zu können und meinen Muskelstatus zu prüfen. Ich meldete mich mit einem Foto von mir an und eine Teilnahme wurde mir genehmigt. Der Bewerb wurde österreichweit ausgeschrieben. Die Vorentscheidung und die Begutachtung der Teilnehmer waren bei einem bekannten Promi-Friseur. Nur drei kamen in die engere

Auswahl. Ich war dabei. Für dieses Ereignis interessierte sich auch die Presse – unter anderem die „Kronen Zeitung". Sie schickte sogar ihren Promi-Journalisten Roman Schliesser, der eine Kolumne als „Adabei" hatte.

Man muss dazu wissen, dass dieser Wettbewerb von einer Privatperson veranstaltet wurde, von einem Manager, der vorwiegend Schönheitskonkurrenzen für Frauen machte. Daher waren Frauen in der Jury und ich nehme an nur ein Mann: Erich Reindl als Veranstalter. Jeder Teilnehmer erhielt eine Badehose von einer bekannten Modemarke und der Wettbewerb selbst, die Schönheitskonkurrenz, verlief in netter Atmosphäre mit viel Applaus vom Publikum. Jeder präsentierte seine körperliche Gestalt und ich meine in einigen von mir einstudierten bekannten Bodybuilding-Posen. Mein Latissimus und meine Brustmuskeln waren damals schon gut ausgeprägt. Den Gesamtsieg holte sich ein fescher Kerl aus unserer Athletengruppe bei Hermann Vollhofer: Gerhard Fila. Er war muskulös, nicht besonders definiert, doch hatte er eine ansehnliche sportliche Figur und blonde Haare. Bei der Siegerehrung klebte ihm eine Blondine fünf Tausend-Schilling-Banknoten auf die geölte Brust. In der

Junior-Klasse mit nur drei Teilnehmern erreichte ich den 2. Platz. Den ersten Platz belegte ein Linzer, den ich nicht kannte und von dem ich auch nie wieder etwas gehört oder gelesen habe. Ich war nur einen Punkt hinter diesem, der etwas fescher war als ich und der vielleicht bei den Frauen in der Jury besser ankam. Darüber war ich nicht enttäuscht, weil ich immerhin Vize-Mr.-Austria 1966 von Österreich wurde und das für mich in jungen Jahren ein schöner Erfolg war. Pokale, Medaillen oder Urkunden gab es nicht – ich habe mir selbst als Erinnerung einen kleinen Pokal anfertigen lassen. Ist legitim, wie ich meine.

Wie ich später nach einigen Tagen erfahren habe, war an diesem Wettbewerb ein gewisser Leopold Merc beteiligt. Welchen Platz er erreichte weiß ich nicht, ich habe das auch bei der Veranstaltung nicht mitbekommen; ich nehme aber an den 2. Platz, denn Leopold Merc war – und das ist sensationell – der erste Mr. Universum aus Österreich. Worüber ich schon berichtet habe. Den Titel bekam er 1964, zwei Jahre vor dieser Veranstaltung im Wiener Chattanooga. Und dann gewinnt er diesen Wettbewerb nicht? Das war im Nachhinein für mich besonders verwunderlich, aber es war eben mehr ein Schönheitswettbewerb und kein von einem Verband anerkannter Bodybuilding-Wettbewerb. Und da gelten halt andere Regeln.

Die Illustrierte „Stern" berichtete

Jedenfalls war ich dann nach der Veranstaltung im Chattanooga in Wien sehr überrascht als ich einen Bericht darüber in der deutschen Illustrierten „Stern" (Ausgabe 1-13, 1966) gesehen und gelesen habe, mit einem Bild von mir, von Leopold Merc und dem Sieger Gerhard Fila. Es war irgendein Reporter damals anwesend, mit dem ich einige Worte gesprochen habe und der mich offenbar kannte und der dann diesen Bericht der Zeitschrift übergeben hat.

Für mich jedenfalls erfreulich und ein Stück Erinnerung an meine Erfolge als Bodybuilder in meinem Archiv.

Nach langen Jahren und bei den Recherchen zu diesem Buch stimmt es mich traurig, dass ich damals nicht ein paar Worte mit Leopold Merc gewechselt habe; er war eine außergewöhnliche Persönlichkeit im Bodybuilding-Sport.

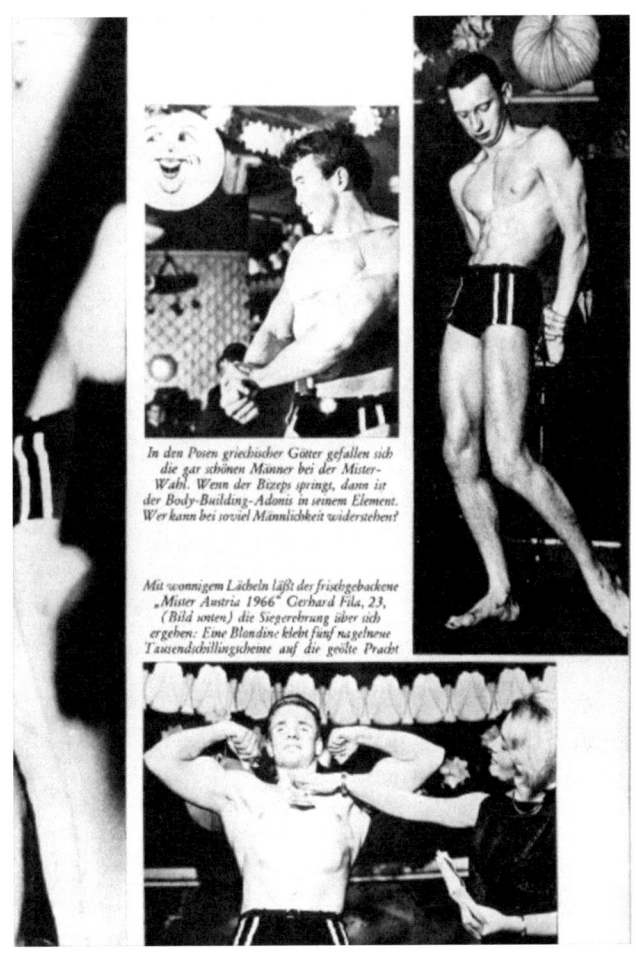

Mr. Austria 1966 im Wiener Chattanooga.
Rechts oben ich, Mitte Leopold Merc, unten Mr. Austria
Gerhard Fila (Zeitschrift STERN, 1966).

Leopold Merc war Sängerknabe, konnte gut singen (übrigens, wie ich meine, auch ich), war sehr belesen und Dolmetscher, sprach mehrere Sprachen, konnte Heinrich Heine und auch Goethe zitieren. Auch darüber habe ich schon berichtet.

Beim „Bestgebauten Athleten" in Deutschland

Nach einigen Jahren konnte ich mich als Bodybuilder weiterentwickeln und ich entschloss mich an einem offizielleren Wettbewerb teilzunehmen. Da gab es in Deutschland den „Bestgebauten Athleten", veranstaltet vom Deutschen Kraftsportverband. Im Jahr 1974 war das wieder der Fall. Ich meldete mich an. Der Organisator war Albert Busek, der auch Redakteur der Zeitschrift „Sport Revue" war. Er schrieb mir: „Die Vorwahl beginnt am Samstag, den 28. September 1974 bereits um 13 Uhr. Bitte finden Sie sich rechtzeitig im Festsaal des Bürgerbräu in München, Rosenheimer Str. 29 ein". Ich fuhr mit einem Sportkollegen, er hieß Karl, der einer der Besten der Sportschule Vollhofer war und eine Harley hatte, der sich stets mit dem typischen Sound dieser Maschine beim Studio einparkte, in seinem alten Auto mit teilweise überhöhter Geschwindigkeit nach München. Ich quartierte mich zunächst bei Bekannten von ihm ein, nahm mir aber dann ein Zimmer in einem Hotel.

Die Teilnehmer an der Veranstaltung „Bestgebauter Athlet 1974" waren alle ziemlich gut ausgebildet und ich musste mir einen Platz bei der Präsentation aller auf der Bühne erkämpfen, um nicht übersehen zu werden. Ich wusste schon im Vorfeld, dass ich dort nicht gewinnen kann, aber ich wollte sehen, welchen Platz ich erreichen werde. Die Junior-Klasse kam für mich nicht mehr infrage und so musste ich in der Senioren-Klasse II antreten. Letztendlich ist da für mich nur ein letzter, ein 14. Platz herausgekommen. Die Ausgabe Nr. 98 der „Sport Revue" hat über diesen Wettbewerb berichtet und ich scheine da auch in der Teilnehmerliste mit den Punktewertungen auf. Zwei Wiener hatten an diesem Bewerb auch teilgenommen, doch kannte ich sie nicht. Einer von ihnen, Christian Janatsch ist dabei groß herausgekommen. Er trainierte im Europe Sport Center von Bernd Zimmermann in Wien und war muskulös sehr gut ausgebildet. Er erreichte den 5. Platz in meiner

Klasse. Bestgebauter Athlet wurde Fritz Kroher, Bestgebauter Juniorathlet Rolf Hedderich.

Aufbau der Muskelmasse

Zurück in Wien arbeitete ich weiter an der Verbesserung meines Körpers. Ich versuchte weiter mehr Körpergewicht, mehr Muskelmasse zu bekommen neben einem intensiven Training. Ich hatte es auch mit Anabolika (Dianabol und Primobolan) versucht, doch bekam ich davon – wie ich glaubte – starke Gelenksschmerzen und ließ es bleiben. Es musste doch möglich sein, ohne diese chemischen Mittel mehr Muskelmasse aufzubauen. So nahm ich diverse Eiweißpräparate zu mir, aß auf natürliche Weise proteinhaltige Nahrungsmittel zu der normalen Nahrungsaufnahme dreimal bis viermal am Tag.

So kam ich 1975 als schlanker Typ auf knapp 80 kg Körpergewicht mit etwas größeren Muskeln: 112 cm Brustumfang, 38 cm Armumfang, 58 cm Umfang Oberschenkel, 36 cm Wadenumfang, Taille 75 cm (siehe Bild nächste Seite).

Ich trainierte mit schwereren Gewichten, Bizepscurlen mit bis zu 15 kg an jeder Hand, Schulterdrücken bis 35 kg, Kniebeugen und Bankdrücken bis 80 kg. Alles aber mit mehreren Wiederholungen pro Satz. Alle anderen Übungen mit entsprechenden höheren Gewichten, wie auch beim Wadenheben an einer Wadenmaschine. Als Höchstleistungen schaffte ich zwei-, drei Wiederholungen mit 20 kg in den einarmigen Armbeugen, einmalig 100 kg im Bankdrücken und 100 kg in den Kniebeugen.

Ich ließ keine Muskelgruppe aus – auch nicht die Bauchmuskeln. Dadurch – und durch die vermehrte Nahrungsaufnahme – sah ich zwar mächtiger aus, doch zu massig und wenig definiert. Also beendete ich dieses intensive Training, machte leichtere Übungen mit mehreren Wiederholungen, einige Zeit zuhause und nicht in einem Studio. Ich hatte meine bescheidenen Geräte: Kurzhanteln, Expander und eine Trainingsbank. Auch habe ich mich mehr beruflich beschäftigen müssen und zwei Bücher mit anderen Themen schreiben müssen. Mehr dazu später.

Studiowechsel

Ich war aber nach einer kurzen Pause weiterhin bei Hermann Vollhofer trainieren, bis er 1988 seine Sportschule für immer schloss. Ich musste mir also einen anderen Platz für ein intensiveres – zumindest ausreichendes – Muskeltraining suchen und da bot sich ein sehr schönes Fitness-Studio im Wasserpark in meinem neuen Wohnort in Floridsdorf, im 21. Wiener Gemeindebezirk, an. Es war ein Sportcenter für Stemmer, Gewichtheber und Bodybuilding mit allen zu dieser Zeit modernen Geräten. Es lag mitten in einem Park, dem Wasserpark mit einem schönen Teich, auf den man beim Training durch vollverglaste Wände blicken konnte. Solche Studios liebe ich, ich halte nichts von dunklen, düsteren Räumen, Kellerräumen wo man bei künstlichem Licht neben verschwitzten Trainingskameraden seine Übungen machen muss. Auch der Trainingsraum bei Hermann Vollhofer hatte mehrere Fenster, war gut durchlüftet und hell.

Das Fitness-Studio im Wasserpark, das „Fitnesscenter Donaupark", leitete der bekannte Gewichtheber Norbert Wallauch, der ehemalige Weltverbandspräsident im Kraftdreikampf, Präsident des österreichischen Gewichtheberverbandes (ÖGV) und Sportjournalist. Auch dort trainierten zu dieser Zeit einige Wrestler, die am Wiener Heumarkt auftraten. Erstaunlich war, dass sie eher mit leichten Gewichten und konzentriert trainierten.

Das Studio hatte im untersten Bereich im Keller eine Möglichkeit zum Gewichtheben mit einer Matte als Schalldämpfer und daneben ein Solarium. Dort trainierte ich intensiver und bereitete mich für meine Amerikareisen 1989 und 1993 nach Washington, D. C., Las Vegas und Los Angeles vor, damit ich dort eine gute Figur machte. Das nicht nur wegen des Bodybuildings, sondern wegen meiner Tätigkeit als Buchautor zu ungeklärten Weltraumphänomenen, darunter das inzwischen berühmt gewordene „Marsgesicht".

Ich war damals Mitglied der Ancient Astronaut Society, mit Sitz in Chicago, Illinois und man hatte mich in diesen Jahren zu einigen Weltkonferenzen dieser Gesellschaft als Vortragender eingeladen.

Ein Studio-Foto aus meiner
besten Zeit im Jahr 1993.

Besonders gefreut hat mich 1993 der Aufenthalt in Los Angeles, denn ich wollte mir den legendären Muscle Beach ansehen und auch die berühmten Studios, wo Arnold trainiert hat, das World Gym und das Gold's Gym und dort auch trainieren. Den Muskelstrand habe ich nicht gefunden, doch es gelang mir an einem Tag im Gold's Gym zu trainieren. Mein Sohn war mit, fotografierte und filmte mich; Arnold konnten wir dort leider nicht antreffen, obwohl wir schon zeitig um 7 Uhr in der Früh da waren.

In Los Angeles

Das Gold's Gym ist riesig und war schon zu dieser morgendlichen Zeit gut besucht. Viele Männer, aber auch Frauen trainierten sehr emsig und intensiv. Die lauten Gespräche und das Scheppern der Gewichte hallten durch die großen Räume, riesigen Hallen gleich. Manche Bodybuilder halten das für die schönsten Geräusche und fühlen sich dabei angeregt. Zugegeben, manchmal auch ich – auch wenn sie sich wie die Geräusche in einer Maschinenhalle anhören.

Die Weltkonferenz fand zwar in Las Vegas statt, doch beim Rückflug über Los Angeles blieb ich dort einige Tage gemeinsam mit meiner Frau und meinem Sohn (der damals Junior-Filmemacher war und Filmregisseur werden wollte) und wollte dort Arnold Schwarzenegger treffen. Ich war in seinem Restaurant „Schatzi on Main", traf ihn zwar dort auch nicht an, doch Ralf Moeller und Serge Nubret, die sehr freundlich waren und mir wohlwollend Autogramme auf einen Zettel gaben, die ich noch heute besitze und in Ehren halte. Die beiden haben ohnehin Bodybuilding-Geschichte geschrieben – über den gewaltigen Ralf Moeller las ich schon in deutschen Bodybuilder-Magazinen. Er ist ein freundlicher Mensch und oft mit Arnold unterwegs, auch in Deutschland und sogar in Kitzbühel in Österreich. Auch Serge Nubret war sehr freundlich – leider habe ich aber von dieser Begegnung kein Foto.

Die Gelegenheit nach Amerika, nach Los Angeles zu kommen war für mich auch deshalb günstig, weil ich inzwischen eine Mars-Filmstory, eine Science-Fiction-Story geschrieben hatte und hoffte, bei Arnold dafür Gehör zu finden, doch er war unerreichbar, als Weltstar von seinem Management abgeschottet. Verständlich!

Total Recall und zwei Österreicher

Ich wollte ihn auch auf einen anderen Umstand in diesem Zusammenhang aufmerksam machen, auf den Umstand, dass ein Österreicher schon 1980 über die Pyramidenberge auf dem Mars, als mögliche künstliche Gebilde oder versteckte Aktivitäten von Außerirdischen geschrieben hat und diese anhand von NASA-Aufnahmen erforscht hat. Ich war schon 1989 deswegen im Goddard Space Flight Center in Washington, D. C. und besorgte mir weitere Fotos von den Marsaufnahmen durch die amerikanischen Raumsonden. Und einer der „Entdecker" dieser Gebilde auf dem Mars ist Österreicher und Bodybuilder! Eben ich!

Zusehen ist so ein Pyramidenberg auf dem Mars in dem Film „Total Recall" („Die totale Erinnerung") aus dem Jahr 1990, in dem Arnold Schwarzenegger Hauptdarsteller ist. Das sogenannte „Marsgesicht", dass ich erstmals anhand eines NASA-Bildes 1976 im ORF gesehen hatte, daraufhin das erste Buch darüber veröffentliche, ist der Plot in dem Hollywoodfilm „Mission to Mars" aus dem Jahr 2000. Ich hinterließ 1993, anlässlich eines Vortrags in Las Vegas bei einer

Weltkonferenz der Ancient Astronaut Society (wie schon berichtet) und anschließenden Aufenthalt in Los Angeles, meine Filmgeschichte und eine englische Übersetzung von meinem ersten Buch über die Entdeckung des Marsgesichts („Wir, vom Mars") und der Pyramidenberge beim „Schatzi on Main" und auch bei einer Agentur, doch ich erhielt darauf keine Antwort.

Zurück in Wien trainierte ich weiter im Studio im Wasserpark, bis auch dieses geschlossen wurde. Danach trainierte ich in diversen Studios, im Club Danube, im MaXX -Sportcenter und später im Holmes Place.

Im Arnold-Schwarzenegger-Museum

Die Jahre vergingen, bis ich im Jahr 2011 erfahren habe, dass im Geburtshaus von Arnold Schwarzenegger ein Museum eingerichtet wird. Die feierliche Eröffnung fand am 7. Oktober 2011 statt. Dabei wurde auch die übergroße Bronzestatue von Arnold in seiner klassischen Bodybuilder-Pose neben dem Haus enthüllt und eingeweiht.

Zahlreiche Fans und Prominente waren gekommen, darunter auch der damalige Bundeskanzler Werner Faymann, der ehemalige steirische Landeshauptmann Josef Krainer und der Arnold-Förderer Alfred Gerstl. Arnie kam mit seinem Sohn Patrick. Es hat allerdings in Strömen geregnet und eine Sicht zum Star der Veranstaltung war nahezu unmöglich. Zwischen dem Gedränge der Menschen konnte man ihn irgendwo ausmachen. Ein Foto mit ihm war daher ebenso unmöglich, zuletzt grüßte er von einem Fenster des Hauses herunter. Peter Urdl, der Geschäftsführer des Museums hatte alle Hände voll zu tun, um Ordnung zu schaffen.

Auch die frühen Sportkollegen und Förderer von Arnold, die mit ihm trainiert haben oder mit ihm bei Wettbewerben waren, waren anwesend, darunter Karl Kainrath, Kurt Marnul und Harald Maurer. Ich kam mit Harald Maurer, mit dem ich schon zuvor Kontakt gehabt hatte und der mich beim Hotel mit seinem BMW abgeholt hat. Ich war mit ihm dann beim Thalersee und im Marnul-Keller im Sportzentrum Körner Platz; dort hing noch beim Abgang zum Keller die Tafel Athletik-Union-Graz. Harald Maurer, der 1964 Mr. Styria wurde, erzählte mir dann einiges aus seiner Zeit mit Arnold und führte mich in den Wald beim Thalersee, wo Arnold 1963 seine Klimmzüge machte und Harald Maurer und Kurt Marnul ihm begegnet sind. Die betreffenden Bäume konnte mir Harald Maurer nicht mehr genau zeigen, eine Eisenstange war natürlich auch nicht mehr vorhanden.

Grundsätzlich ist das Museum sehr gut eingerichtet und ein Highlight für jeden Arnold-Fan. Es zeigt seine Anfänge als Kind und Junge in diesem Haus, sein Bett, die Küche entsprechend eingerichtet, wie üblich zu dieser Zeit bei den einfachen Leuten, seine teilweise selbst zusammengebauten Trainingsgeräte und seinen Arbeitstisch als Gouverneur von Kalifornien, dazu eine lebensgroße Statue in seiner berühmten Bodybuilder-Pose. Ein Foto zu dieser Figur war angesagt. Viele Besucher nützen seither diese Gelegenheit.

Im Jahr 2004 wurde in Thal ein „Arnold Schwarzenegger Wanderweg" eingeweiht. Man wandert 7,3 km in der Zeit von einer Stunde und 45 Minuten – je nach Gehgeschwindigkeit – durch die Ortschaft Thal. Man kann auch die Pfarrkirche St. Jakob besichtigen, die vom Maler und Architekten Ernst Fuchs gestaltet wurde. Anfang und Ziel ist das

Museum. Es gibt auch einen schönen Wanderweg rund um den Thalersee.

Schon vom 17. bis 19. September 2011 war ich in Graz; zunächst am 17. September zum Wettbewerb „Fitness World Championships" der Zeitschrift Fitness News, zugleich wurde ein Adonis-International-Contest ausgetragen. Veranstalter war Peter Papula. Als Gäste anwesend waren Kurt Marnul, Karl Kainrath, Alfred Gerstl, Christian Janatsch, Hermine Klinger, Mustafa Mohammad, und andere Prominente aus der Politik und der Sportwelt.

Zum 70er von Arnold

Im Juli 2017 war ich wieder in Graz zum 70er von Arnold. Es waren wieder viele Prominente und Weggefährten anwesend, darunter Kurt Marnul und Karl Kainrath. Eine Band, das Wildbach Trio, spielte auf mit dem Song „Hey Arnie". Arnold schickte eine Videobotschaft und alle Anwesenden gratulierten. Am Ufer des Thalersees steht noch heute das „Boot des Versprechens", das Boot, in dem sich Arnold Schwarzenegger und Maria Shriver das Heiratsversprechen gegeben haben. Darauf weist eine

Inschrift hin, mit folgendem Wortlaut: „In diesem historischen Boot gab im Jahre 1985 Arnold Schwarzenegger seiner Maria Shriver das Eheversprechen. 2 Töchter und 2 Söhne bereichern mittlerweile diese Bindung. Heute ist der Thaler Sohn erfolgreicher Gouverneur von Kalifornien. Thal im Mai 2008." Ein Bild der beiden ziert dieses Standbild.

Seither bin ich immer im Training, sei es zuhause, wo ich inzwischen zu einigen Hanteln und Expandern auch eine Fitnessstation habe, oder in einem Gym in der Nähe meiner Wohnung – fallweise im Holmes Place, was ich schon erwähnte. Dort gibt es eine Sauna und auch ein Schwimmbad.

Ein Bodybuilding-Museum

Vor einiger Zeit, im März 2022, hatte mir Alex Englitsch übers Handy geschrieben, wegen einiger alter Gegenstände, Zeitungsberichte und Bücher zum Bodybuilding für ein Museum in der Nähe von Krems. Ich habe ihm meine zwei alten Scheibenhanteln gegeben, die mir Gerhard Fila in den 1970er Jahren verkauft hat und jede bis 20 kg aufgestockt werden kann und auch die gewünschten Zeitungsberichte, Bodybuilding-Hefte und Bücher.

Bereits in den 1970er Jahren wollte ich ein eigenes Fitness-Studio aufmachen. Damals war das aber sehr schwierig. Es hätte bestenfalls ein Fitnesskeller werden können, wie das einige gemacht haben. Ich habe auch nicht gedacht, dass es jemals so viele Studios geben wird, wie heute.

Ein Vienna-Muscle-Beach

Schon lange habe ich die Idee für einen Muskelstrand in Wien, als Pendant zum legendären Muscle Beach in Venice, in Kalifornien – also einen Vienna Muscle Beach. Den Standort stellte ich mir gut vor beim heutigen Vienna City Beach Club (VCBC) beim Kaisermühlendamm im 22. Wiener Gemeindebezirk, direkt an der Entlastungsrinne, der Neuen Donau. Es gibt dort ein Restaurant und auch einen Beach-Volley-Platz und viele Sitz- und Liegeflächen für die Besucher und Badegäste. Direkt neben dem Volley-Platz gibt es eine größere Fläche und dort könnte man Turngeräte aufstellen. Es könnten dort feste, dauerhaft, einbetonierte Reckstangen und Barren angebracht werden, aber auch temporär aufgestellte Liegen und Bänke. Auch einen Schuppen könnte man dauerhaft aufstellen, in dem Geräte vorübergehend untergebracht werden können. Das Wiener Top Gym hat angeblich so etwas Ähnliches schon vor einigen Jahren versuchsweise gemacht und Geräte, Hanteln und andere Gegenstände zum Trainieren dorthin gebracht. Es hat sich aber offenbar nicht bewährt. Vielleicht auch wegen des unsicheren Wetters. In Los Angeles ist das halt anders.

Es gibt aber in Wien mittlerweile durchaus Geräte zum Turnen in einigen Parks und auch bei der Alten Donau. Recks, Ruderapparte und Trainingsbänke, die gerne benutzt werden.

Bodybuilder in den Freibädern

In den ersten Jahren als Bodybuilder in Wien, war ich viel naturbaden an der Alten Donau, wo eben meine Großeltern den Schrebergarten in Kaisermühlen hatten. Ich ging dort oft allein oder und mit meinem Cousin schwimmen, der um drei Jahre jünger ist als ich. Er machte in dem Garten und an der Alten Donau die ersten Bodybuilder-Fotos von mir – in den Posen ganz nach den Vorbildern in den Muskel-Magazinen. Manchmal ging ich aber auch in öffentliche Bäder, wie das Laaerbergbad, das Stadionbad und das Gänsehäufel an der Alten Donau.

Das Gänsehäufel ist eine mittelgroße bewaldete Insel, die schon früh Anfang des 20. Jahrhunderts als Erholungs- und Badeort genutzt wurde. Es gab dort die ersten Naturbadenden, an bestimmten abgeschlossenen Plätzen ganz ohne Bekleidung und man sah dort auch Freizeitsportler. An Reckstangen zeigten die Turner ihre Künste – zur Freude der umstehenden Damen, bestaunt von den jungen Burschen. Manche machten unter fachkundiger Anleitung der älteren Turner gleich mit. Zu dieser Zeit, in den 1960er Jahren, sah man viele solche Natursportler in den Freibädern. Und natürlich zeigte so mancher seine Muskeln. In einigen Fällen trainierten manche mit Kugelhanteln. Und wenn einer braun gebrannt von der Sonne, mit einer besonders ausgeprägten muskulösen Figur durch das Bad ging waren ihm die Blicke der Badegäste, besonders der Damen, sicher.

So einer war Erwin Reinthaler, ein Athlet aus unserer Riege in der Sportschule von Hermann Vollhofer. Wenn er an den Schwimmbecken entlang ging, schien es, als hielten alle den Atem an. Er war leider frühzeitig erblindet, doch das hinderte ihn nicht mit schweren Gewichten zu trainieren. Er war meistens mit einer Freundin als Begleitung unterwegs, aber manchmal auch allein. Er war so ehrgeizig in seinem Training, dass er sogar Pflastersteine in seiner Arbeitstasche herumgetragen hat.

Erwin Reinthaler

In Italien bei einem Zirkus

Im Jahr 1965 wurde ich zur Erholung mit einer Gruppe junger Leute nach Italien geschickt. Ich war im Eisenbahnzug mit zwei Mädchen in einem

Waggonabteil, die meine damals bescheidenen Muskeln bewunderten, nachdem ich ihnen erzählt hatte, dass ich Bodybuilding mache. In der Freizeitanlage am Ort sollten wir in kleine Hütten aufgeteilt werden. Ich habe mich aber zu früh gefreut diese mit den beiden Mädchen teilen zu dürfen. Es wurde nicht genehmigt und so verbrachte ich die Zeit allein in einer Hütte, was angenehm war.

Tagsüber ging ich zum nahen Strand hinunter und da sahen mich einige Jungs, die mich mit meiner sportlichen Figur bewunderten. Sie nahmen mich zur Hand und führten mich zu einem kleinen nahen Zirkus. Der Chef des Zirkus sah auch, dass ich offensichtlich sportlich bin und nahm mich in die Familie auf. Er trat am Trapez und als Feuerschlucker auf, sein Vater als Clown mit einer Hundenummer. Dabei war auch ein junges Mädchen, das verschiedene Kunststücke vorführte. Ich wurde eingeladen mitzumachen, doch es war nicht nach meinem Geschmack, trainiere ich meinen Körper doch ganz anders. Die Familie nahm mich aber trotzdem freundlich auf und sie feierte mit mir einmal, mit einer großen Torte einen Geburtstag – von irgendjemandem in der Familie. Das junge Mädchen hätte mir gut gefallen, doch es wäre dieses

Leben doch nicht das richtige gewesen und außerdem musste ich bald wieder abreisen. Ein Zirkusleben kann oft sehr hart und entbehrlich sein. Und schließlich hatte ich ja meine Mutter und mein Leben in Österreich, in Wien.

Anabolika und andere Substanzen

In den vergangenen Jahren hat die Einnahme von chemischen Mitteln zum Aufbau der Muskelmasse stark zugenommen. Die Medikamente unter dem Begriff Anabolika oder Steriode sind nahezu überall erhältlich – besonders heutzutage im Internet. Oft illegal. Sportmediziner und Ernährungswissenschaftler warnen davor. Und auch Sportler, die Nachteile davon hatten, bis hin zu gesundheitlichen Schäden.

„Die Wirkung von Anabolika gründet sich auf ihren Einfluss auf den Aufbaustoffwechsel (Anabolismus) des menschlichen Körpers, wobei hier insbesondere der Eiweißaufbau gefördert wird. Dabei wird die Synthese von Eiweiß im Organismus verstärkt sowie gleichzeitig der Abbau der körpereigenen Eiweißvorräte vermindert. Bei gleichzeitigem intensivem Training kann mit der durch Anabolika erhöhten Proteinsythese die Muskelhyperthrophie beschleunigt werden" (Wikipedia/Anabolika). Unter Muskelhyperthrophie versteht man eine Vergrößerung der Muskulatur durch gezieltes Training durch Belastung mit Gewichten oder an Seilzugmaschinen.

Das Muskelwachstum kann aber auch durch die Einnahme von Wachstumshormonen oder anabolen Steroiden beeinflusst werden. Diese Mittel werden normalerweise bei medizinischen Therapien nach Erkrankungen angewendet. So ist man auf diese Mittel gestoßen, als eine Möglichkeit auch bei gesunden Menschen das Muskelwachstum zu fördern – insbesondere bei Bodybuildern. Das gilt auch für das Doping.

In der Folge hat das aber zu Missbrauch geführt, weil manche einen schnelleren Erfolg wollten oder ihren Muskelzustand überfordert haben. Es macht nicht viel Sinn, wenn die eigene Körperphysiognomie, der persönliche Körperzustand, ein Muskelwachstum nur in geringem Maß zulässt. Es hängt von den genetischen Voraussetzungen des Einzelnen ab, ob man beim Bodybuilding zu den Besten zählen kann. Einfach ausgedrückt gibt es drei Körpertypen, Körper-konstitutionen: den pyknischen, gedrungenen, den leptosomen, schlanken und den athletischen, muskulösen. Wobei sich alle drei vermischen können und dem einen oder dem anderen mehr oder weniger entsprechen können. Grundsätzlich hat der athletische Typ die besten Chancen mehr Muskelmasse aufzubauen. Dazu gehört aber dennoch ein intensives Training, wenn man zu den Besten gehören will.

Es ist also von Natur aus nicht notwendig chemische Nahrungszusätze zu sich zu nehmen, sie können sich vielmehr schädlich für den Körper auswirken. Einige, die das übertrieben haben, sind sogar schon daran gestorben. Ich erinnere nur an Andreas Münzer, ein österreichischer Bodybuilder, der ein typisches Beispiel ist, wie man es nicht machen soll. Er starb an multiplem Organversagen infolge jahrelangen Doping- und Medikamentenmissbrauchs. Er wurde 1964 in Pack, in der Steiermark geboren und starb 1996 in München. Seine größten Erfolge waren jeweils ein 3. Platz bei den World Amateur Championships der IFBB 1987 und 1988 in der Klasse Leicht-Schwergewicht und ein 1. Platz bei den World Games 1989 im Schwergewicht. Dann noch 3. Plätze bcim Grand Prix Germany der IFBB 1990 und beim Ironman Pro Invitational der IFBB 1991. Und 2. Plätze beim Grand Prix Germany (2) der IFBB 1993 und Night of Champions der IFBB ebenfalls 1993. Andreas Münzer ist in den Magazinen „Flex" und „Muscle Mag International" in den Jahren 1990, 1992 und 1996 auf den Titelseiten abgebildet. Er hatte zu seiner besten Zeit einen Armumfang von 53 cm, einen Brustumfang von 147 cm, bei einer Körpergröße von 1,73 m und einem Gewicht von 108 kg. Seine Muskulatur galt in Fachkreisen als eine der ausgeprägtesten. Es ging leider nicht gut aus.

Nachteile von chemischen Hilfsmitteln

Die typischen Nachteile der Einnahme von steroiden und anabolen Substanzen sind Akne, also Hautunreinheiten, Herz- Kreislauf- Probleme, Leberschäden, Vergrößerungen der Brustdrüsen, Hodenverkleinerung und Minderung der Spermienqualität. Also alles Dinge, die man als gesunder Mensch nicht haben will. Es fragt sich auch, ob man diesen Preis für einen kurzfristigen Erfolg bezahlen will.

Ich habe diese Aufbaumittel (Dianabol, Primobolan) – wie schon erwähnt – einmal kurzfristig probiert, doch bald unerklärliche Gelenksschmerzen bekommen und medizinischen Packungen auf die Armgelenke auflegen müssen. Als ich die Tabletten abgesetzt habe – weil mir das schon aus einer Logik heraus nicht zielführend schien –, waren die Schmerzen weg. Wenn ich nicht durch natürliche Nahrungszusätze mehr Körpergewicht und mehr Muskeln erreichen kann, wie soll das dann mit chemischen Zusätzen gehen? Ich machte also Schluss damit und trainierte normal mit eiweißreichen Nahrungsmitteln und Proteinpulvern mit Vitaminzusätzen weiter. Ich hatte damals gute Erfolge mit einem eiweißhaltigen Weizenprodukt der Firma Klopfer, München, das Glidine hieß. Mit proteinhaltigen pflanzlichen Nahrungszusätzen kommt man gut weiter, es müssen nicht immer tierische sein. Ich konnte mein Gewicht mit zusätzlichem intensiverem Training um sechs Kilo steigern, was das Foto von 1975 zeigt (siehe Seite 151).

Als leptosomer Körpertyp hatte ich wenig Chancen zu den Besten im Bodybuilding zu zählen – auch nicht in meiner Größenklasse. Dennoch konnte ich einen angemessenen muskulösen Körper entwickeln, der sich sehen lassen kann – siehe das Foto auf Seite 155 von 1993. Inzwischen habe ich altersbedingt Muskelmasse verloren, ich bleibe aber weiterhin bei einer sportlichen Figur bei ebenso altersbedingtem Training mit leichteren Gewichten und leichteren Belastungen an den Geräten, beim Bizepscurlen 6 bis 8 kg pro Arm und beim Bankdrücken 30 kg, natürlich mit 10 bis 12 Wiederholungen. Für Kniebeugen nehme ich auch nur leichte Gewichte mit mehreren Wiederholungen – fallweise mache ich einbeinige Kniebeugen. Ich trainiere immer den ganzen Körper durch, damit alle Muskelgruppen angeregt werden.

Die neuen Bodybuilder

Auch das Erscheinungsbild so mancher Bodybuilder hat sich stark verändert. Der neuen Mode entsprechend sieht man viele stark tätowierte (sogar nahezu am ganzen Körper) und mit Ohr- und Nasenschmuck, den Südseeinsulanern ähnlich.

Es macht doch keinen Sinn, wenn ich mir einen ästhetischen, muskulös ausgebildeten Körper antrainiere und diesen dann mit derartigen Dingen verunziere. Da wollen anscheinend manche besonders wild und martialisch aussehen und das andere ist ihnen egal. Mitunter sieht man richtige Muskelmonster. Das ist aber nicht der Sinn des Bodybuildings! Das ist auch nicht die klassische Schönheit der Antike. Da liebe ich die Bodybuilder aus den Anfangszeiten dieser sportlichen Bewegung. Da liebe ich die klassischen Bodybuilder, die noch nicht so ausgeprägt waren. Da genügte ein 40-Zentimere-Oberarm – wenn es gut ging auch einer mit 45 Zentimeter. Heute kommen sie über 55 cm – ganz zu schweigen von extremen Brustmuskeln und Oberschenkeln.

Albert Busek äußerte sich schon über die negative Entwicklung im Bodybuilding. Nach seiner Meinung hat sich die Szene in eine falsche Richtung entwickelt und es müsse einiges korrigiert werden. Was hinter den besten Profis steht, könne er nicht mehr zu hundert Prozent unterschreiben. Für ihn seien Symmetrie, Ästhetik und Ausstrahlung das Wichtigste. Er fühle sich heute eher bei den Amateuren zuhause als bei den Profi-Bodybuildern.

Ähnlich argumentierte Arnold Schwarzenegger vor einigen Jahren. Es müssen wieder die richtigen, ästhetischen Bodybuilder gewählt werden und nannte als Beispiel Steve Reeves. Welch ein Genuss es ist solche Körper bewundern zu können. Die Wertungsrichter bei den Wettbewerben sollten das Gesamtbild des Bodybuilders bewerten und nicht diejenigen, die die größte Muskelmasse haben.

Das Ganze zeigt sich auch in der extremen „Trockenheit" in der Definition der Muskeln, in der Vaskularität, die jede Faser und jede Ader sichtbar macht. Das sieht fast krank aus. Etwas „weicher" im Muskelbild sieht besser aus. Man will doch nicht aussehen wie das Muskelbild des Menschen in einem medizinischen Lehrbuch. Oder wie in den Ausstellungen der „Körperwelten". Die Hautschicht weniger als einen Millimeter dick. Ein gesunder Körper braucht einen gewissen Fettanteil für die Funktion des gesamten Organismus. Die Haut der Bodybuilder sollte auch nicht zu stark gebräunt sein. Das lässt die Schattierungen der Muskeln nicht so gut zur Geltung kommen. Bei einer helleren Hautfarbe sieht das besser aus. Deshalb haben sich Wettbewerbe entwickelt, die gerade das sehen wollen. Auch aufgrund der Auswüchse in den vergangenen Jahren. Ein Schwarzer, ein Lateinamerikaner oder ein Chinese ist durch sein Naturell anders zu sehen.

Natural-Bodybuilding

Wegen dieser übertriebenen und ungesunden Entwicklung hat sich das natürliche Bodybuilding gebildet. Es entstanden Wettbewerbe, an denen – unter Anführungszeichen – „natürliche" Bodybuilder teilnehmen, unter dem Titel Mr. Adonis oder Mr. Fitness. Einen solchen Wettbewerb veranstaltete Peter Papula im September 2011, den Adonis International-Contest, wo ich als Zuschauer dabei war.

Diese Bewegung wird auch Natural-Bodybuilding genannt. In Deutschland gründete der Buchautor und Bodybuilder Berend Breitenstein im Jahr 2003 die German Natural Bodybuilding & Fitness Federation (GNBF). Die NABBA geht seit Jahren in diese Richtung, sowohl bei den Damen als auch bei den Herren. In den Kaufhaus-Katalogen sieht man auch schon seit Jahren muskulöse männliche Models, was zeigt, dass das Körperbewusstsein in Teilen der Gesellschaft angekommen ist.

Bodybuilding im Alter

Auch im Alter sind Fitness und Körpertraining wichtig – sogar im hohen Alter. Das zeigt eine Studie aus dem Jahr 2011 an der Paracelsus Universität Salzburg unter der Leitung von Professor Jürgen Osterbrink. „Regelmäßige Bewegung im Alltag (z. B. Spazierengehen, Treppensteigen) und körperliche Aktivitäten (z. B. Radfahren, Schwimmen) tragen nachweislich zur Gesundheit und einem verbesserten physischen und geistigen Wohlbefinden älterer Menschen bei. Mit Bewegung wird unter anderem das Gleichgewicht trainiert und die Beweglichkeit von Muskeln und Gelenken gefördert, was beispielsweise hilft, Stürze zu vermeiden", so die Studie. „Durch eine gezielte Bewegungsförderung im Alter lassen sich Alltagskompetenzen und alltägliche Bewegungsabläufe länger aufrechterhalten, die ein eigenständiges und selbstbestimmtes Leben ermöglichen. Dies verbessert die Lebensqualität älterer Menschen und minimiert ihre Pflegebedürftigkeit", heißt es. Dazu gehört auch ein altersgerechtes Muskeltraining mit Belastung durch Gewichte oder an Geräten. Ausdauer- und

Muskeltraining auch für hochbetagte 80-Jährige hält die Studie für sinnvoll.

Die richtige Nahrungsaufnahme

Dazu ist zu sagen, dass auch eine ausgewogene Nahrungsaufnahme mit Vitaminen und Mineralien sowie auch Eiweiß, also Protein, auch für ältere Menschen wichtig ist. Man ist geneigt im fortgeschrittenen Alter mehr zu fetthaltigen Speisen und süßen Speisen zu neigen und vergisst oft das wichtige Eiweiß. Das sollte mehr im Vordergrund stehen und die Aufnahme desselben eher vegetarisch erfolgen.

Zu den Nahrungszusätzen gehört auch die Einnahme von L-Carnitin. Grundsätzlich fördert das Carnitin die Fettverbrennung im Körper, es ist aber nicht notwendig dieses in höheren Dosen einzunehmen. Ich habe das mit einem Eiweißpulver mit diversen Vitamin-Zusätzen und L-Carnitin probiert und ich habe tatsächlich etwas Körpergewicht abgenommen – das natürlich gleichzeitig durch Hanteltraining und anderes Training. L-Carnitin nimmt man aber automatisch durch die natürliche Nahrungsaufnahme zu sich. Es ist zum Beispiel besonders im Rindfleisch aber auch in anderen Fleischsorten wie Schwein, Huhn, Schaf und Hase enthalten. Auch im Obst und Gemüse, und in Nüssen ist es enthalten. Es macht also Sinn besonders Rindfleisch – idealerweise fettarmes – zu sich zu nehmen, auch weil dieses Fleisch sehr proteinhaltig ist. Es zeigt sich auch hier wieder, dass man mit ausgewogener und fitnessbezogener natürlicher Nahrung gut auskommt. Ich habe mir stets die Nährwerttabellen angesehen und mich danach gerichtet.

Da gibt es etwa die Regel 240 zu 65 zu 100. Das heißt 240 g Kohlehydrate, 65 g Fett und 100 g Eiweiß für eine ausgewogene Nahrungsaufnahme. Mit natürlichen Nahrungsmitteln ist das schwer erreichbar, denn manche eiweißreichen Nahrungsmittel haben einen geringen Anteil an Kohlehydraten aber einen hohen Anteil an Fett. Demgegenüber haben Nahrungsmittel mit einem hohen Anteil an Kohlehydraten einen geringen Anteil an Fett. Will man sich auf den Eiweiß-Anteil konzentrieren und dabei wenig Fett- und Kohlehydrat-Anteil haben, dann fährt man mit fettarmem Rindfleisch, Schweinefleisch und Hühnerfleisch am besten. Da man aber auch vitaminreiche und mineralienhaltige Nahrungsmittel zu sich nehmen soll, wie Obst, Gemüse und Nüsse muss man auf die Kalorien- und Kohlehydratwerte achten. Grundsätzlich gilt eine Eiweißaufnahme von 0,1 % des Körpergewichts beziehungsweise ein Gramm pro Körpergewicht als ausreichend. Bodybuilder, die es zu etwas bringen wollen, brauchen mehr, was mit Nahrungszusätzen aufgenommen werden muss.

Die idealen Körpermaße

Die idealen körperlichen Proportionen hat Leonardo da Vinci in seiner Zeichnung „Man in the circle" („Der Mensch im Kreis") bzw. dem „Vitruvian Man", dem „Vitruvianischen Menschen" im Jahr 1490 dargestellt. Er wurde dabei vom antiken römischen Architekten Vitruv aus dem 1. Jahrhundert v. Chr. inspiriert. Der Mensch kann sowohl in einem Kreis als auch in einem Quadrat in seinen idealen Körperproportionen dargestellt werden. Der Text in der Skizze von Leonardo besagt: „Vitruv, der Architekt, sagt in seinem architektonischen Werk, dass die Maße des Menschen in der Natur auf diese Weise verteilt sind. Das heißt 4 Finger ergeben eine Handfläche, 4 Handflächen ergeben einen Fuß, 6 Handflächen ergeben eine Elle, 4

Ellen machen einen Mann, 4 Ellen machen einen Schritt, 24 Handflächen machen einen Menschen." Und weiter: „Wenn du deine Beine so weit öffnest, dass dein Kopf um 1/14 deiner Körpergröße gesenkt wird, und deine Arme so weit hebst, dass deine ausgestreckten Finger die Linie deines Kopfes berühren, lass dich wissen, dass die Mitte der Enden der offenen Gliedmaßen der Nabel ist und der Raum zwischen den Beinen ein gleichseitiges Dreieck ist." (Wikpedia/Der Mensch im Kreis). Soweit Leonardo da Vinci nach Vitruv.

So ganz genau muss es nicht sein, das sind ideale Werte. Doch bei der Bewertung von Teilnehmern und auch Teilnehmerinnen bei Bodybuilding-Wettbewerben werden schon solche Kriterien angewendet. Zu lange Beine im Verhältnis zum Oberkörper sind nicht gut für das Gesamtbild. Demgegenüber sind auch kurze Beine nicht von Vorteil. Grundsätzlich wird aber das Muskelbild bewertet und das sollte am ganzen Körper ausgewogen sein.

Ich habe dazu eine Formel entwickelt:

Brust = Bein x2
Bein = Brust :2
Arm = Brust :3
Bauch = Brust -40
Waden = Arm

Das bedeutet z. B.: Brustumfang 120 cm, Armumfang 40 cm, Bauchumfang (eingezogen) 80 cm, Oberschenkelumfang 60 cm, Wadenumfang 40 cm.

Muskeltraining auch für körperlich Beeinträchtigte

Das Ganze soll nicht heißen, dass Menschen, die körperliche Nachteile haben nicht trainieren sollen. Im Gegenteil, ein Training wirkt sich immer positiv auf das Wohlbefinden und die eigene Fitness aus. Das sieht man bei Wettbewerben mit körperlich beeinträchtigen Menschen, wie bei den von Arnold Schwarzenegger ins Leben gerufenen Special Olympics. Und es gibt sportliche Wettbewerbe sogar für Rollstuhlfahrer und Rollstuhlfahrerinnen. Viele davon sind auch durch einen Unfall auf diese Hilfsmittel angewiesen.

Inzwischen gibt es zahlreiche Bodybuilder im Rollstuhl, sogenannte Wheelchair-Bodybuilder, die in

Wettbewerben unter Titeln wie Wheelchair Nationals und Physically Challenged Seated ihre Erfolge zeigen. Einer davon ist Nick Scott, mit zahlreichen dritten, zweiten und einige ersten Plätzen, darunter Gesamtsieger bei den Wheelchair Nationals und den Wheelchair USA Championships der NPC (National Provincial Championships) im Jahr 2011.

Beim Bodybuilding kann man bei solchen Menschen den Oberkörper oder einzelne Muskelgruppen, wie die der Arme, bewerten. Das gibt es teilweise schon, durch den Titel eines Mr. Bizeps, oder Mr. Trizeps, oder für die besten Brustmuskeln, der Best Chest, mit der Arnold ausgezeichnet wurde. Es gibt immer Möglichkeiten auf die eine oder andere Weise körperliche Fitness zu bewerten. Das ist für jeden Athleten eine Möglichkeit sich mit anderen zu messen und seinen eigenen Körperstatus festzustellen. Es ist auch eine Anerkennung für sein Bemühen.

Die Meinung. dass Bodybuilder dumm sind, viele Muskeln haben aber nichts im Hirn, ist schon lange widerlegt. Es gibt Bodybuilder mit akademischen Titeln und solche, die ein Unternehmen erfolgreich führen. Wir denken da an Frank Zane, geboren 1942 in Kingston, Pennsylvania (USA). Er hat einen Bachelor of Science in Pädagogik an der Wilkes Universität in Barre, Pennsylvania, lehrte jahrelang Mathematik und Chemie an unterschiedlichen Schulen in New Jersey und Florida. Er hat einen Bachelor of Arts in Psychologie an der California State University in Los Angeles und einen Master of Arts in experimenteller Psychologie an der California State University in San Bernardino. Er hat mehrere Bücher über Fitness und Körpertraining geschrieben. Er war Mr. America und mehrfacher Mr. Universe und Mr. Olympia.

Dann denke ich an Dr. Gernulf Garbe, geboren 1940 in Kassel, Deutschland. Er studierte Medizin an der George-August-Universität Göttingen und praktizierte als Facharzt für Orthopädie. Er war Oberarzt für Unfallchirurgie im Lehrkrankenhaus der Medizinischen Hochschule Hannover. Er hat einen Lehrauftrag als Honorarprofessor für Sportmedizin am Sportwissenschaftlichen Institut der Universität Hannover und ist Mitglied der Deutschen Gesellschaft für Orthopädie und Orthopädische Chirurgie der Deutschen Gesellschaft für Unfallchirurgie. Er ist auch Mitglied im Deutschen Sportärztebund und hat ein Patent für eine Halux-Schiene, gegen den Schiefstand der Großzehe. Im Jahr 1963 war Gernulf Garbe bei der

Deutschen Bodybuilder-Meisterschaft zum Mr. Germany Sieger in der größten Klasse über 1,72 Meter und Gesamtsieger. Mit Arnold Schwarzenegger, Albert Busek und Erich Janner gründete er den Deutschen Kraftsport-Verband (DKV), dem späteren Deutschen Bodybuilding- und Fitness-Verband. Gernulf Garbe ist auch Autor eines Fitness-Buches („Fit durch Bodybuilding") mit medizinischen Anleitungen und schrieb Artikel in den deutschen Zeitschriften „Kraft Sport Revue" und „Sport Revue".

Die Bandbreite der Bodybuilder geht von einfachen Arbeitern bis zu Akademikern. Aus allen Schichten der Bevölkerung haben sich inzwischen auch in dieser Sportart unzählige erfolgreiche Athleten herausgebildet. Um zu den Besten zu zählen, gehört ein hohes Maß an Wissen über den menschlichen Körper und seine Funktion dazu. Es ist auch wichtig sich intelligente Trainingseinheiten anzueignen, die dem eigenen Körperstatus entsprechen. Man kann sich Hilfe bei den Besten holen, Bücher und Zeitungsartikel lesen und vor allem soll man auf den eigenen Körper hören, wie er auf das Training reagiert und wie man sich dabei fühlt. Das Ziel soll ein Wohlbefinden sein mit einer ansprechenden muskulösen Figur und einer positiven körperlichen Erscheinung. Das ist der Sinn des Bodybuildings.

Tipps für einfache Trainingsgeräte

Zuletzt noch einige Tipps für einfache Trainingsgeräte oder Übungen, die man selbst zusammenstellen oder selbst machen kann. Für zuhause kann man sich ein einfaches Trainingsgerät mit einer Besenstange aus dem Baumarkt, einer speziellen Rohrschelle und einer Feder von einem Federexpander mit Haltegriff zusammenstellen. Die Rohrschelle wird über die Besenstange angebracht, wobei sie eine Halterung für die Feder vom Expander haben muss. Idealerweise eine Klemme von der Zugfeder. So hat man eine Stange, an der die Feder mit einem Haltegriff hängt. Damit kann man Übungen zum Schulterdrücken machen, indem man sitzend einen Fuß in den Haltegriff setzt und die Stange mit beiden Händen nach oben drückt.

Desgleichen kann man damit Übungen zum Bizepsbeugen machen, indem man stehend beide Füße auf die Stange setzt und mit einer Hand im Haltegriff den Arm beugt. Mit einer kurzen Besenstange kann man auch sitzend hinter dem Rücken Übungen zum

Trizepsstrecken machen, indem man mit einem Arm die Stange hinter dem Gesäß festhält und mit dem anderen Arm die Feder mit der Hand im Haltegriff den Arm streckt. Natürlich kann man auch Übungen zum Latissimusziehen machen, indem man eine Feder mit dem Karabiner an einer Vorrichtung an einer Wand oder einem Geländer festmacht und mit dem Haltegriff die Feder nach hinten streckt. Auch Beinstrecken ist so sitzend zu machen, indem man mit einer kurzen Besenstange in der Rohrschelle die Feder sitzend neben dem Becken mit der Rohrklemme festhält, einen Fuß in den Griff des Expanders setzt und das Bein ausstreckt.

Bodybuilding unter Wasser

Es ist auch möglich beim Schwimmen Bodybuilding-Übungen zu machen. Man taucht idealerweise in einem seichten Schwimmbecken bis zum Hals unter, macht in jeder Hand eine Faust und macht schnelle starke Bewegungen des Armbeugens und Armstreckens. Für Butterfly-Übungen, Brustübungen macht man das Gleiche mit weit ausgestreckten Armen und geballten Fäusten. Auch das seitliche Schulterheben geht auf diese Weise. Alles möglichst konzentriert und heftig, um den Widerstand zu spüren. Unterwassergymnastik lässt sich auf verschiedene Weise mit Bewegungen der Hüften und Beine ausführen, wie es gewöhnlich in den Rehabilitationseinrichtungen der Badeanstalten und Kuraufenthalten gezeigt wird.

Andere einfache Übungen

Einfache Übungen lassen sich auf vielfältige Weise machen, wie bekannt mit einem Handtuch. Man benützt das Handtuch zusammengerollt, wie mit einer Feder eines Expanders, wobei man es an beiden Enden festhält und es ausstreckt bis zum Anschlag und so länger verharrt, als würde man das Handtuch in die Länge ziehen. Derartige Übungen fallen unter dem Begriff isometrisches Training. Damit werden die Muskeln angespannt, ohne dass sie ihre Länge verändern. Das war einmal sehr modern, wird aber noch immer häufig verwendet, wenn man keine Hilfsmittel wie Gewichte oder Zugfedern hat oder einfach nur eine andere Form des Muskeltrainings machen will.

So gesehen lässt sich Muskeltraining auf vielfältige Weise machen und man muss in keiner Lage darauf verzichten. Es gehört nur ein wenig Fantasie dazu und das Bewusstsein etwas Gutes für seinen Körper zu tun, für eine bessere Figur und ein besseres Wohlbefinden. Bodybuilding ist immer und überall möglich!

Messung der Muskelaktivität durch Thermographie

Schon sehr früh hatte ich die Idee, die Muskelaktivität, während dem Training mithilfe von Messungen der Wärmestrahlungen – wie das auch an Gebäuden gemacht wird – zu messen. Das Verfahren nennt sich Thermographie, wobei die für das menschliche Auge unsichtbare Wärmestrahlung eines Objekts oder Körpers mit speziellen Sensoren in elektrische Signale umgewandelt wird, die dann im Computer verarbeitet werden und sichtbar gemacht werden können.

So könnte auch sichtbar gemacht werden, welche Muskelgruppe an welcher Stelle die größte Aktivität oder Belastung aufweist. Auch, um schädliche Belastungen sichtbar zu machen. Wieweit oder ob das im Bodybuilding-Sport schon angewendet wurde, konnte ich bisher nicht in Erfahrung bringen.

Die Idee, Trainingsgeräte als eine Art Ergometer zur Energiegewinnung zu verwenden hatte ich auch schon.

Schlussbetrachtung

In diesem Buch habe ich versucht vor allem die Entwicklung des Bodybuildings in Österreich darzustellen, was mir seit Jahren ein Anliegen ist. Als einer, der dazugehört konnte ich einiges beschreiben und erzählen. Wie es vor sechzig Jahren war, als ich anfing zu trainieren. Als auch andere mit Bodybuilding begonnen hatten. Schon lange zuvor zeigten Kraftathleten in Körperschönheitskonkurrenzen ihren durchtrainierten Körper und zeigten damit auch, dass sich Kraft und Schönheit ergänzen können und keine Gegensätze sein müssen. Es ist erstaunlich, wie viele seit den Anfängen diesen Weg auch in Österreich gegangen sind und noch immer gehen – in unterschiedlicher Weise. Viele von den Männern und den Frauen haben sich einen Namen gemacht, der in die Geschichte eingehen wird.

Bodybuilding, das gezielte Muskeltraining mit Gewichten, hat auch im Breitensport Einzug gefunden. Viele haben erkannt, dass man mit mäßiger bis größerer Belastung der Muskeln bessere und größere Erfolge allgemein erzielen kann. Fußballer wie Schifahrer, Tennisspieler wie Radfahrer und andere. Bankdrücken, Kniebeugen, Schulterdrücken, Armbeugen und Armstrecken mit Belastung an Geräten und mit Gewichten gehören inzwischen auch zum Training dieser Sportler.

Dieses Buch konnte nicht alles aufzeigen, was zum Bodybuilding gehört. Nicht alle Athleten konnten genannt werden. Die bekanntesten und erfolgreichsten habe ich versucht aufzuzeigen. Vor allem die Bodybuilder und Bodybuilderinnen aus und in Österreich, denen dieses Buch gewidmet ist. Bodybuilding in Österreich – die Wiege des Arnold Schwarzenegger und wie ich zeigen konnte, die Wiege auch anderer Vorreiter des Bodybuildings in Österreich.

Quellen und Hinweise

Arnold Schwarzenegger; Douglas Kent Hall: „Die Karriere eines Bodybuilders", Songo Verlag 1977; Originalausgabe: „Arnold: The Education of a Bodybuilder", Simon & Schuster, New York, 1977.

Arnold Schwarzenegger; Peter Petre: „Total Recall – Die wahre Geschichte meines Lebens", Hoffmann und Campe, Hamburg, 2012: Originalausgabe: „Total Recall – My unbelievably true life story", Simon & Schuster, New York, 2012.

Stay Hungry, deutsch: Mister Universum, der Film, 1976.

Pumping Iron: The Art and Sport of Bodybuilding, über Arnold Schwarzenegger, Simon & Schuster, 1974.

Pumping Iron, der Film, 1977.

Pumping Iron, das Buch, Creators Publishing, 2022. Generation Iron, deutsch: Generation Eisen, Film, mit Arnold Schwarzenegger, 2013.

UFA-Wochenschau, Constantin Film, 1966.

Kleine Zeitung, vom 28. April 1964.

Illustrierte "Stern", vom Febr/März 1966.

Zeitschrift "Sport und Kraft", Nr. 67, 1966.

Illustrierte "Quick", Nr. 22, vom 27. Mai 1982.

Krone Bunt, vom 27. September 1992.

Zeitschrift "Der Bodybuilder", Nr. 12, 1982

Harald Maurer
https://www.mahag.com/harry/
https://www.mahag.com/harry/begegnung.htm

Leopold (Poldi) Merc
https://de.wikipedia.org/wiki/Leopold_Merc

"Wer Arnie das Schwitzen lehrte", Tagesspiegel,
Berlin, 24.11.2002

Das Bodybuilding-Lexikon

https://www.musclememory.com

Joe Weider
https://myworkout-magazin.ch

Harry Gelbfarb
https://www.harry-gelbfarb.de
https://de.wikipedia.org/wiki/Harry_Gelbfarb

Alfred Gerstl
www.parlament.gv.at/person/385?selectedtab=BIO

Rolf Putziger
https://de.wikipedia.org/wiki/Rolf_Putziger

Deutsche Bodybuilding-Meisterschaften ab 1960 -
International ab 1986
https://www.dbfv.de/ehrentafeln_gs/

Doping-Kontrolle beim DBFV
https://www.dbfv.de/doping/

Gewichtheben ÖGV Wien
https://gewichtheben.net

Erster Favoritner Athletenklub Goliath 1923
https://www.fak-goliath.at

The Bodybuilding Archive
http://thebodybuildingarchive.com

ANNO Historische Zeitschriften und Zeitschriften /
ÖNB – Österreichische Nationalbibliothek
https://anno.onb.ac.at/

Bodybuilding in Österreich
http://members.chello.at/~master.walter.hain/Bodybuil
ding_in_Oesterreich.htm

Bodybuilding-Vereine in Österreich

IFBB-Austria / ÖABFV – Österreichischer Amateur &
Bodybuilding & Fitness Verband
https://ifbbaustria.at
https://www.sport-oesterreich.at/ifbb-austria

IFBB AUSTRIA ÖABFV
https://ifbbaustria.at

Niederösterreichischer Amateur Bodybuilding
Verband NÖABBV/ IFBB

https://www.vereinsverzeichnis.at

Männer Physique der IFBB-Austria
https://www.sport-oesterreich.at/maenner-physique

Frauen Physique der IFBB-Austria
https://www.sport-oesterreich.at/frauen-physique

NABBA-Austria
https://www.nabba.at/home

ANBF – Austrian Natural Bodybuilding und Fitness Federation
https://www.anbf.at/

ABPF – Austrian Bodybuilding and Physique Sports Federation
https://www.abpf.at/

Österreichischer Verband für Kraftdreikampf, ÖVK
https://kraftdreikampf.at/verband/vereine/

Österreichisches Vereinsverzeichnis
https://www.vereinsverzeichnis.at

Fitnesscenter in Österreich

TOP GYM Wien
https://eversports.at/s/top-gym

TOP GYM Enns
https://www.topgym-fitness.at

FIT FABRIK Wien/NÖ/OÖ/BGLD
https://fitfabrik.at/fitnesscenter_wien_fitfabrik.html

DAS GYM Wien
https://intelligentstrength.net/

JOHN HARRIS - Wien/Linz/Graz
https://www.johnharris.at/

HOLMES PLACE Wien
https://www.holmesplace.at

JOHN REED - Wien
https://johnreed.fitness

FIT INN Wien/Linz/Salzburg/Graz/u.a.

https://fitinn.at/

McFIT – Wien/Graz/Salzburg/Innsbruck/Klagenfurt
https://www.mcfit.com/at

GOLD 's GYM-Fitnessstudio - Wien
https://www.goldsgym.com

FAK GOLIATH Athletenklub - Wien
https://www.fak-goliath.at

CLUB DANUBE
https://www.gymmia.de/bodybuilding-osterreich/wien-
i1

MAXX SPORTCENTER - Wien
https://maxx-sportcenters.info/sport/fitness

FITNESSCENTER LEMPERG - Wien
https://www.lemperg.at

CROSSFIT -Donauwerft - Krems
https://www.donauwerft.at

Erlebnisbad & Fitness Studio Schladming
https://erlebniosbad-schladming.at

FITNESSCENTER CALIFORNIA - Max Schweighart
- Linz
https://www.fitness-california.at/

YELLOW FITNESSSTUDIO - Linz
https://fitnessstudio-linz.at/

HAPPYFIT PREMIUM - Linz - Dornbach
https://www.happyfit.eu/

FEEL WELL CITYSPORTS AND WELLNESS
CLUB – Linz
https://at.fitfit.fitness

PRINZ FITNESS-STUDIO - Linz
https://www.prinzfitness.at/

INJOY - Linz
CLEVER FIT FITNESSSTUDIO – LINZ
https://www.injoy-linz.at

Fitnessgeräte

HAMMER
https://www.hammer-fitness.at/

SPORTSTECH
https://www.sportstech.at/

Sportnahrung

SPORTNAHRUNG.AT
https://www.sportnahrung.at

BODYCULT
https://bodycult.at

HAMMER NUTRITION
https://hammernutrition.at

Magazine

Fitness & Bodybuilding Magazin Österreich
https://www.bodybuilding.at

FITNESS NEWS
https://www.fitnessnews.at

Videos

Meine Videos unter
MEIN SPORT auf YOUTUBE
https://www.youtube.com/@WHain-mn7de

Andere Bodybuilding-Videos
auf YOUTUBE

Arnold-Schwarzenegger-Museum
https://arnieslife.com

Bildquellen

Siehe Quellen und Hinweise / Copyright bei den
dargestellten Personen / Archiv Autor

Coverbild: Grafik vom Autor mit der berühmten
Bizeps-Pose von Arnold Schwarzenegger

Weitere Bilder

Siehe nächste Seiten

Mit Hermann Vollhofer, 1988.

Mit Hermine Klinger, 2011.

Mit Mustafa Mohammad, 2011.

Mit Harald Maurer, 2011.

Mit Karl Kainrath, 2017.

Mit Harald Maurer und Kurt Marnul, 2017.

Mit Peter Urdl, 2017.

Mit Werner Wistuba, 2024.